主体认知角度下的交际语用分析

虞 骏/著

吉林出版集团股份有限公司
全国百佳图书出版单位

图书在版编目（CIP）数据

　　主体认知角度下的交际语用分析 / 虞骏著. -- 长春:
吉林出版集团股份有限公司, 2021.10
　　ISBN 978-7-5731-0480-9

　　Ⅰ.①主… Ⅱ.①虞… Ⅲ.①言语交往—语用学—研
究 Ⅳ.①H0

　　中国版本图书馆CIP数据核字(2021)第194807号

ZHUTI RENZHI JIAODU XIA DE JIAOJI YUYONG FENXI
主体认知角度下的交际语用分析

著　　者	虞　骏	责任编辑	赵晓星
出版策划	齐　郁	封面设计	雅硕图文

出　　版　吉林出版集团股份有限公司
　　　　　（长春市福祉大路5788号，邮政编码：130118）
发　　行　吉林出版集团译文图书经营有限公司
　　　　　（http：//shop34896900.taobao.com）
电　　话　总编办 0431-81629909　营销部 0431-81629880/81629881

印　　刷	长春市华远印务有限公司	开　　本	787mm×1092mm　1/16
印　　张	9.5	字　　数	200千
版　　次	2022年6月第1版	印　　次	2022年6月第1次印刷
书　　号	ISBN 978-7-5731-0480-9	定　　价	68.00元

印装错误请与承印厂联系

前　言

　　本书是笔者在浙江大学攻读语言学及应用语言学博士学位期间所完成的。在浙江大学语言与认知研究中心，笔者接触到了认知语用学，对于语言问题逐渐形成了这样一种立场：从严格的认知意义上来看，每个人类主体对于语言的习得、理解和使用都是一种认知行为；而每个主体的认知都是基于自身的身体体验获得的，不同主体之间也无法直接传递自身的认知，而只能通过他人的行为表现及相关后果来间接地进行判断。也就是说，包括语言在内的主体认知有具身性、私人性、不可直接传递性和假设性，因此每个人的认知总是有一定差异的。基于认知的这种基本特性，对语言问题的研究也就需要从主体视角出发，探讨这种本质上是有差异性的主体认知是如何实现人际间的相互沟通和理解的。由于将语言看作一种认知现象，因此认知语用学更多关注的是主体在交际过程中的心智状态。本书从共同基础、意图、语言和合作等几个交际所涉及的几个关键心智状态出发对言语交际进行了研究，并在最后基于这些研究对交际过程从主体认知的角度进行了梳理。希望本书能对相关领域的研究者有所帮助。笔者才学有限，书中有诸多不足之处，还望读者批评指正。

目　录

第1章 绪论

　　语用学所关注的问题是，人们是如何使用语言的，尤其是如何使用语言进行交际。语言的使用者和交际者都是人，人是交际中的主体。各个参与者的行为共同组成了交际，而每个参与者的行为又是基于他们各自的认知的。人是基于认知来进行交际的：交际者需要基于先前的认知经验和对当前情形的认知，来生成或解读交际行为。因此，我们在讨论交际时，需要首先将交际者看作一个认知主体，认识到认知本身的特性和局限性会对交际产生基础性的影响。

　　许多语用学理论都试图探讨交际中合作性、共同性的一面。在认知视角下，当我们在讨论合作时，我们应当认为是两个或多个主体基于各自的认知来展开合作的；当我们在讨论主体间的共同性时，我们应当认为这是是将不同主体的认知进行比较而得出的结果。因此，即使是在讨论交际中的合作性和共同性时，我们也需要从每个参与主体出发，讨论他们是如何基于各自的认知来进行交际的。另一方面，许多当前的语用学理论都试图探寻不同主体是如何通过交际达到一致的，在理论建构的过程中都强调合作和关联。然而，实际上，交际常常是不那么顺利的，而是一个充满意义和意图的涌现以及尝试和错误的动态过程（Kecseks，2010）。因此，我们既需要注意交际中合作性、共同性的一面，又不能忽视交际中的不一致、不顺利的另一面。

　　我们认为，要分析人们如何进行交际，就需要从主体认知的角度出发，分析主体的各种心智状态是如何影响主体在交际中的行为的的。在本文中，我们将以认知科学的相关研究为基础，从主体认知的角度出发，对交际进行分析。在本章中，我们将先简要回顾认知科学的相关发展，然后分析主体的认知有哪些特性，最后基于这些特性来提出我们在研究交际时所应遵循的研究思路和方法。

1.1 认知科学的发展

我们的心智是如何运作的？自古以来，人类一直在试图寻找这个问题的答案。大脑无疑是心智的关键生理器官。尽管现代的探测技术已经有了极大的进步，但要完全搞清楚大脑是如何运作的，目前的技术手段仍远远不够。对于人们来说，大脑在很大程度上仍然是一个"黑箱"：我们无法准确观测许多具体的生理机制。而即使技术手段能达到极高的精度，我们也还面临一个意识的"难问题"（Chalmers，1997）：从客观性的生理机制中，主观性的体验是如何产生的？在这些困难面前，为了解释人类心智的运作，学者们从理论角度提出了大量的假设，制定了一些研究的基本范式，并设计实验，控制变量，凭借不断进步的技术手段对这些假设进行持续的验证和修正，从而一步一步推进心智研究的发展。因此，对于心智的研究很大程度上受到现有理论框架及其研究范式的影响。不同理论框架都有其各自的实验证据基础，也同时有其理论局限性。基于此，在开始讨论之前，我们需要澄清我们是在什么样的理论框架下展开讨论的。我们需要清醒地认识到并承认我们的讨论在其理论框架范围之内存在一定的合理性，但是同时又受到框架本身的局限性的限制，在框架范围之外会面临许多挑战。

在过去的70年间，认知科学经历了从兴起到发展的几个阶段。在20世纪上半叶，在认知科学出现之前，行为主义（Behaviorism）占据了心理学研究的主流。行为主义否认心智的存在，其代表人物John Watson认为所有的人类行为都只不过是对不同刺激的条件反射，因此在研究中只关注外在行为（艾森克，基恩，2009）。在研究方法方面，行为主义为整个心理学领域创建了一套精细而严格的实验研究的技术和原则，对日后包括认知心理学在内的整个心理学领域起到了重要的影响（艾森克，基恩，2009）。20世纪50年代，一场认知革命推翻了行为主义，认知心理学（Cognitive Psychology）由此形成。与否认心智的行为主义不同，认知心理学家承认复杂的行为和认知能力是经过内在状态（internal states）（即心智）的调节完成的。认知心理学的兴起深受计算机科学的影响，在这一时期大量的计算机科学的概念被引入到了心理学的研究中，这对认知科学的研究范式产生了重要的影响。在随后的发展中，认知科学自觉或不自觉地遵循一个共同的研究范式，即将心智的内部状态视为抽象表征水平的逻辑或计算过程（李恒威，黄华新，2006）。这种范式也被称为符号主义（Symbolism）（刘晓力，2003）。在这种"认知即计算"的思想的指导下，信息加工分析（information-processing approach）成为了认知心理学中占据支配地位的研究人类认知的方法。这种方法试图将认知分解为一系列步骤，通过这些步骤，一种被称为"信息"的抽象实体得到了加工（艾森，基恩，2009）。这种基于表征计算范式的认知研究被称为"第一代认知科学"（Gardner，1987）。在身心关系方面，第一代认知科学信奉"离身心智论"，认为决定心智的只是程序，而程序是与身体相分离的，身体可以由任何有足够计算能力的东西代替。因此，第一代认知科学认为，只要搞清楚了心智运作的程序，就能理解并可以用计算机完美模拟人类的心智，而完全不必考虑身体这个"硬件"（李其维，2008）。

　　经过二十年左右的发展，到了20世纪70年代时，第一代认知科学逐渐走入困境。人们发现这种计算主义无法完全解释人类心智活动的内在机制及其体现出来的灵活性、选择性和自涌现性。认知科学转而从人的身体、人脑的神经结构寻求解释，由此产生了第二代认知科学——具身心智（embodied mind）的认知科学（杨唐峰，张秋杭，2010）。自80年代起，一些新的认知观念开始兴起并成熟，如认知是具身的（embodied，也有译为"涉身的"或"体验的"等）、情境的（situated）、发展的（developmental）、动力系统的（dynamic system）（李恒威，黄华新，2006）。其中认知的具身性（Lakoff & Johnson，1999）是第二代认知科学的核心思想。具身性是指人的心智活动有赖于身体，心智本质上是具身的生物神经现象，是神经系统活动的整体显现（李恒威，黄华新，2006）。这意味着，心智活动并不是像第一代认知科学所认为的那样是"离身"的、是可以脱离身体进行研究的。相反，对于心智的研究必须基于对身体和神经活动的研究，心智和身体这两者密不可分。

如果完全遵循认知具身性的进路，彻底抛弃符号表征论的话，认知科学的理论框架和研究范式将会变得与第一代认知科学完全不同。一些学者正沿着这种"激进具身性"（radical embodiment）（Clark，1999；杨唐峰，张秋杭，2010）的进路，采用一种新的范式进行人工生命研究，尝试略去知识的表达与推理的环节，考虑在感知与行为之间建立直接的联系，期望认知主体在感知刺激后，通过自适应、自学习、自组织方式产生适当的行为响应（刘晓力，2003）。

不过，当前一些有较大影响力的认知理论基本都遵循了"温和具身性"（simple embodiment）的进路，在很大程度上仍然接受大脑中存在知识概念的内部表征、计算转换等观点，而把具身性看作是"对内部组织和加工理论的制约"（Clark，1999；杨唐峰，张秋杭，2010）。尽管沿用了始于符号主义时期的一些研究方法，在具身认知观点指导下的认知研究与符号主义相比最大的不同在于，认知心理学家在分析几乎所有人类认知功能时都要考虑到人脑的加工过程（艾森，基恩，2009），而不是如"离心认知论"那样完全抛弃身体。持"温和具身性"观点的研究者承认"认知是计算不可完全的"，将认知看作是"算法+自然机制的模式"（刘晓力，2003），一方面仍尝试构拟规则的系统，一方面也同时探寻规则之外的自然机制。在构拟系统的工作中，"信息加工论"仍是许多遵循"温和具身性"进路的认知学者的工作语言。在这种理论框架下，人类认知活动可归结为大脑神经元的活动，神经元活动的过程可以看作是信息加工的过程。神经元活动构成了人类认知的基础，而人类的认知就是通过大规模的这种神经活动的模式实现的（艾森，基恩，2009）。

我们需要注意的是，在信息加工论中，"信息"并非一种客观实在，而是在该理论框架下人为定义出的一种抽象实体概念。使用"信息"这一理论概念工具，实际上是模糊处理了意识的"难问题"，将客观神经活动如何转

化为主观性体验的关键一环暂时搁置了：我们假设信息的传递和处理能以某
种机制转换成主观性的体验，但是具体如何转换暂不讨论。我们将神经元的
活动看作是信息加工的基础，这一前提能使我们的理论能够通过实验获得坚
实的神经学证据。以信息加工和内部表征为中介，神经机制和行为表现及环
境互动被链接了起来。

　　本文也遵循"温和具身性"的进路，支持"具身心智论"，否定第一代
认知科学的"离身心智论"，但是接受"信息加工论"的研究方法。在继续
使用信息加工、内部表征等概念工具的同时，我们也尽可能地为这些概念寻
找相应的生理基础。我们将大脑神经元活动看作认知活动的基础。我们假设
在神经元的活动过程中，"信息"这一抽象实体得到传递和处理，最终以某
种形式反映为人的心智活动。信息的加工过程可用内部表征这一工具来形象
化地进行描述。

1.2　认知的生理机制简述

　　如上文所说，我们将大脑神经元活动看作认知活动的基础。因此，在认
知视角下分析交际，我们首先需要对认知的基本生理机制有大致的理解。

　　神经元活动构成了人类认知的基础。人脑中大约有1000亿个神经元，
每个神经元可以通过突触与大约1000个其他神经元相联结（艾森，基恩，
2009）。神经元是可以聚积和传导电活动的细胞。感觉器细胞受到外界刺激
后，放出生物电，电冲动引起突触施放神经递质，而神经递质可引发或阻止
相连的神经元细胞放电。特定的刺激会引发一组特定的神经元放电状态的改
变。这组神经元往往包括脑中多个不同部位的神经元。特定部位的神经元的
活动会使人产生某种特定的体验或认知。这些不同部位的神经元所产生的
体验或认知综合起来，就是该刺激使人产生的体验或认知（艾森，基恩，
2009）。这是一切认知活动的生理基础。

　　引入信息加工论的体系，上述的认知基本生理机制可以描述如下：感

觉信息被感觉器细胞接收后（感觉器细胞受到刺激），会通过特定的神经通路，以电化学的方式在神经元之间进行传递（神经元内电位改变，神经元之间通过突触传递神经递质）。在传递过程中，信息在脑的不同部位得到处理（在各部位引发特定的神经元活动），新的体验或认知信息形成，或旧的认知信息被提取或被更新。

在上述基本机制的基础上，人的认知活动还离不开学习和记忆的能力。只有学习及存储各种经历，将经历转化为记忆，才能在之后通过记忆的提取将这些曾经的经历运用到当前的认知活动中。如果学习和记忆的能力受到损伤，认知能力也可能会出现相应的问题。对于语言来说，尽管我们目前尚无法完全确定语言能力中的哪些部分是先天的、基因的，哪些是后天的、习得的，但是无疑语言中的大部分内容——如语音、词汇、语法——是需要通过后天学习获得的（Ullman，2015）。因此，语言的学习、理解和使用也都需要记忆的参与。记忆的编码、巩固、提取和更新等也是认知活动的一部分。因此，要理解认知机制和语言机制，也需要理解学习和记忆的机制。

Kandel等（2014）对过去几十年间有关记忆的研究进行了详细的梳理和总结，我们在此归纳一下与我们的讨论相关的一些要点。根据是否可以有意识地进行回忆，记忆被分为内隐记忆和外显记忆。此外，又可以按照记忆维持时程的长短，将记忆分为短时程记忆、中时程记忆、长时程记忆。对于内隐记忆的实验研究起始于对非脊椎生物的研究，而对非脊椎生物的简单神经系统的内隐记忆研究也是目前记忆研究中最全面和深入的（一般认为非脊椎生物没有可有意识进行回忆的外显记忆）。实验证据表明，简单神经系统中记忆的神经基础在于突触可塑性（synaptic plasticity）（Konorski，1948）。突触可塑性是指：外界刺激会使突触前神经元化学递质释放的调节活动变化，从而导致突触连接强度的短期变化（减弱或增强）。突触之间连接强度的变化使单次学习和短时程记忆形成（Castellucci等，1980；Castellucci and Kandel，1976；Cohen等，1997；Zucker等，1971）。而学习的多次重复，即相似刺激的多次重复，则会使突触强度变化维持较长时间，从而使长时程记忆形成（Castellucci等，1978；Carew等，1979；Montarolo等，1986）。除了突触连接强度的变化以外，长时程记忆形成过程中还会涉及新蛋白的合成（Bacskai等，1993；Martin等，1997）、染色质变化和表观遗传改变（Guan等，2002；Levenson & Sweatt，2005），以及突触连接的变化（Ghirardi等，1995；Sutton and Carew，2000）。

尽管限于实验手段，目前尚无法像研究非脊椎生物一样研究哺乳类动物的记忆神经机制，但是也已经有很多实验证据将哺乳动物脑部的学习机制和突触可塑性联系起来。内隐记忆方面，较强的证据来自于内隐式学习恐惧实验。在反复刺激的条件下，可以在大鼠的离体脑片中观察到杏仁核神经元发生的突触连接增强。外显记忆方面，突触可塑性机制也被认为对记忆起着重要作用（Davis等，1994；LeDoux，2003）。根据人类失忆患者的案例可知，海马体是外显式记忆的关键脑区（Squire，1992）。研究者也在海马体发现了多种依赖于经验的突触可塑性细胞模型，如长时程增强（Lomo，1966；Bliss and Lomo，1973）、长时程抑制（Malenka and Bear，2004）等，它们共同组成了哺乳类脑的信息储存机制（Kandel等，2014）。

人可以通过接收相似刺激或主动回忆来提取记忆。接收到相似刺激或进行主动回忆时，相关的神经元（或者说记忆的踪迹）被重新激活。对于许多记忆，在记忆提取过程中再次激活记忆的踪迹会使踪迹暂时变得不稳定，从而改变记忆。这通常被解释为"重巩固"过程（Sara，2000；Nader等，2000；Nader and Hardt，2009）。Lee等（2012）在海兔的缩鳃反射中发现，储存长时程易化的感觉运动突触在重激活时会因蛋白降解而去稳定化；之后，随着蛋白合成，又会重稳定化。这种细胞变化伴随着行为表现变化。这些发现指出，长时程的记忆踪迹在形成之后，仍然保持可变（Kandel等，2014）。

对记忆的编码、巩固、提取和更新的相关研究向我们展现了一种基础的学习机制：我们通过反复出现的同类经历来进行学习，形成某种相对稳定的认知结构。在再次接受到相似刺激或主动回忆时，认知结构被激活。此外，认知结构是可以改变的。这印证了Piaget（1961）所提出的认知建构论的大框架：主体的认知是不断发展的，经历着组织和顺应、同化和顺化的过程。Piaget（1961）认为，认知来源于主客体之间的互动作用。人们是从对客观世界的互动的体验中获得认知的。人们通过感知获得体验。在与某个事物或某类事物的多次互动中，人们把经验和信息加工组织成常规性的认知结构。主体在认知发展过程中主要有两条原则在起作用：组织（Organization）和适应（Adaptation）。其中，适应又包括同化（Assimilation）和顺化（Accommodation）。组织是指以整合的方式来构建各种认知结构。在认知发展的初期，组织是构建新认知结构的主要方式。在遇到外界刺激时，主体会使用已有的认知结构来对外界刺激（客体）进行解释和分析，如果客体经过认知转化，和已有的认知结构一致，那么就称为"同化"，主体的认识被加强，这种状态被认为是达到了暂时的认知平衡。如果主体原有的认知结构不能同化客体，那么主体就必须调节认知结构或创建新的认知结构来适应客体，使认知重新恢复平衡。我们每个人都在不断地进行着认知，而认知也不断地经历着"平衡-不平衡-平衡"的过程，具有动态性。组织和适应、同化和顺化的过程广泛存在于我们的认知活动中。

1.3　认知的特性

我们应当意识到，一方面，我们的认知能力可以帮助我们认识世界和记录各种信息，另一方面，我们的认知能力是有其局限性的。从认知的具身性（Lakoff & Johnson，1999）出发，我们接下来将讨论认知主体有哪些特性。

具身认知论的基本观点是：每个人的认知有赖于其自身的身体。每个人通过自己的身体与世界进行互动，从中获得体验，并基于这些体验建立认知。每个人的身体和神经活动互有差异的，每个人的生活经历也是各自不同的。即使是对于同一事物的体验和认知，也可能会由于感知水平、注意焦点、已有体验等各种因素的影响而导致个体差异。因此，每个人对同一事物的认知总是可能有差异的。从个体发展的角度来看，正常情况下每个人都在幼儿时期就认识到了这一点。大量的研究表明，幼儿平均在3到4岁甚至更早

的时候就已经能很好地理解：对于同一事物，他人会和自己有不同的信念
（Gopnik & Wellman，1994；Onishi & Baillargeon，2005）。

　　认知有赖于身体，还意味着：对于一个认知主体来说，该主体只能通过
自己的身体获得体验，而无法通过其他个体的身体获得体验。在这样的前提
下，对于两个不同的主体A和B来说，A的心智状态基于且仅基于A的身体，
B的心智状态基于且仅基于B的身体。同时，A不可能获得B的身体，因此A不
可能直接获得B的心智状态。反之亦然。根据认知的基本生理机制，一个主
体的心智状态变化的本质是其神经活动的改变。任何客观事物，如果要对一
个人类个体的心智产生影响，只有两种可能的途径。第一种是直接对相关的
神经结构进行适量的电刺激或化学刺激。在医学或实验室环境下，我们可以
通过使用相关设备对特定的脑区进行电刺激或化学刺激来改变某一区域的神
经活动，从而改变受刺激主体的心智状态。然而，这种情况并不会发生在正
常的互动情境中，因此我们在此对这种与交际无关的情况不做进一步讨论。
个体心智改变的另一种途径，也是正常的途径，是通过个体对事物进行认
知。通过认知，事物的心理表征（而非物理性的事物本身）在心智层面上得
到处理，从而使个体的心理状态发生改变。在自然条件下，我们无法对其他
主体的神经系统直接施加电化学刺激。因此，一个主体无法通过直接改变另
一个主体神经活动的方式来改变另一个主体的心智状态，而只能通过行动或
言语来使环境发生某种物理性的改变，并期待对方通过对这些物理改变的感
知和认知而发生心智状态的改变。同样，一个主体也无法直接获取另一个主
体的心智状态，最多只能通过搜集环境中的各种信息来推论另一个人有怎样
的心理状态。换言之，在认知视角下，与我们日常用语中的"传达思想"、
"交换想法"等习惯说法不同，包括"思想"、"想法"等在内的心智状态
并不是一种像信件或电脑信息一样可以传递或交换的东西。相反，一个人的
心智状态是被"封装"在其身体中的，别人无法直接看到它或获取它，只能
基于一些外部现象来推测它在某个时刻可能处于某种状态。

　　另一方面，同样基于认知的具身性，由于一个人的认知来自于自身与
世界的互动体验，那么，在主体与世界进行当下的互动之前，主体所拥有的

认知都是基于先前的体验的。换个角度说，在当下的互动体验还没有产生时，主体是没有关于这个互动的实际体验的，而只能利用基于先前体验的认知来指导当下的互动。主体在进行当下互动时，首先会对事物进行感知。感知信息进入认知处理，如果有与之相匹配的先前体验，那么就会激活之前与基于该先前体验的认知信息。根据这些认知信息，个体会采取相应的互动行为来进行当下的互动。尽管主体可以利用基于先前体验的认知来指导当下的互动，基于先前体验的认知是否真的完全适用于当下的互动，这在互动完成之前是无法百分之百地确定的。有多种因素会导致这一结果。首先，感知信息可能出现错误。其次，先前的认知信息可能本身就不准确。再次，即使感知信息和先前的认知信息是准确的，事物本身的实质也可能与先前所体验的事物是有不同的，或是其他相关条件也可能存在不同，因此主体所调用的认知信息可能并不适用于当下的情境。就本质上来说，个体在进行当下的互动时，依据是对事物种类和与该种事物的互动关系的主观判断，而这一主观判断是否符合事实，只能在互动行为产生之后才能确认。因此，我们认为，认知信息无法百分之百地确保互动的成功，只能提高顺利互动的概率。我们将认知的这种特性称为认知的"假设性"。

认知的另一个特点是它的经济性。Zipf（1949；2012）基于对人类行为的观察和分析，总结出一条"省力原则"（the Principle of Least Effort），或称经济原则（the Economy Principle），可以概括为：以最小的代价换取最大的收益。这条原则也适用于人类的认知。人类的许多认知都是无意识的（Lakoff & Johnson，1999），许多心智过程并不会进入到意识的层面。Solms和Turnboll（2002）认为，这是因为人类大脑并不寻求"更有意识"；相反，大脑一直在尽量地少用意识，这样能节省能量和时间。这是认知经济性的体现。同样能够反映认知经济型的是认知的双系统理论，以及与之相关的有限理性理论。有限理性理论认为，认知主体常常是在有限理性的状态下进行判断和决策的。"有限理性"（bounded rationality）的概念由赫伯特·西蒙（1989）（Herbert Simon）首先提出，最初用于解释经济学领域的决策问题。在传统经济学中，经济学家假设经济个体是理性的，不仅知晓所处环境中的各种信息，还同时有着完善的分析能力，可以根据各种信息进行充分地分析，得出最优的决策（西蒙，1989）。传统经济学家以此为基础来推导经济个体的经济行为，从而构建经济学理论（胡怀国，2002）。Simon（1972，1982，1997）指出，传统经济学的这种假设太过理想化和模型化了，在现实情境中，人们面对的环境往往是复杂的，而人的认知能力和分析能力是有限的，因此人常常无法做到在完全理性的状态下进行决策。他认为人们往往是在有限理性的情况下进行决策的，所寻求的是一个能令自己"满意"的选项，而非"最优"的选项。

Kahneman和Tvesky进一步发展了基于有限理性的研究。Tvesky和Kahneman（1971）发现，即使是那些有着丰富研究经验的研究者，在估计实验结果时，也可能会忽略了样本数量而作出错误的直觉性判断。这使他们意识到，人们在进行判断时，有两套不同又相互联系的认知模式在起作用：一个是无需努力的直觉判断，另一个是需要思考的推理。许多认知学者都有着类似的看法，如Johnson-Laird（1983）区分了内隐推断（implicit inference）和外显推断（explicit inference），Evans（1984）区分了启发式处理（heuristic processing）和分析式处理（analytic processing），Sloman（1996）区分了联想系统（associative system）和基于规则的的系统（rule-based system），等等。Kahneman（2003）采用了Stanovich和West（2002）的术语，使用了系统一（system 1）和系统二（system 2）这两个术语来指称这两个系统。在进行判断和选择时，不同的选项有不同的可及性。在系统一之下，可及性高的选项会快速地、无需努力地被激活，而系统二下的更为深入的推理会修正或改写这种直觉性的判断。Kahneman观察到，判断和意图通常是直觉性的，也就是说，在很多情况下人们并不全面地考虑各种因素在系统二下进行推理判断，而是基于有限的理性进行直觉性的判断。在基于系统一进行直觉判断时，人们常常会依据一些启发式（heuristics）而非全面的信息（Tversky & Kahneman，1974），并受到框架效应（framing effect）的影响（Tversky & Kahneman，1981）。

尽管Kahneman和Tvesky的研究的主要影响是在经济学领域之内，但正如

Kahneman（2003）所指出的，可及性和双系统的分析也在社会心理学和认知心理学的其他领域扮演了基础性的角色。他们的研究最初也是基于对日常语言的观察的（Tvesky & Kahneman，1971）。我们也观察到，在实际的交际中，环境也常常是复杂的，交际者的认知能力和分析能力也是有限的，因此常常无法全面地考虑分析各种因素。同时，我们常常需要快速地实施和理解交际行为，而对各种因素的全盘考虑对于最简单的交际来说都会带来过重的认知负担及耗费过多的时间。我们的交际往往是快速的、看似毫不费力的，但我们在选择和理解交际行为时也常常会犯一些直觉性的错误，而当我们意识到直觉性的错误时，则又会试图做出进一步的努力来修正错误。因此，我们认为，基于认知的双系统理论的有限理性理论也同样适用于认知语用学视角下的交际研究。

从认知的具身性出发，我们提出每个人的认知都可能彼此有差异，不同主体之间无法直接传递和读取彼此的心智状态，以及认知具有假设性。在认知语用学视角下，我们将交际和交际中语言的使用和理解看作是基于认知的。那么，交际中的语言使用和理解也应符合上述的几种认知特性。具体来说，两个主体在进行交际时，心智状态总是可能存在一些差异的，包括对情境的认知和对语言单位的理解等，并且我们是有能力意识到对方的心智状态是与自己有差异的。但是，我们无法直接读取对方的心智状态，因此我们只能推测对方具有什么样的心智状态。同时，我们也无法直接传递自己的心智状态，而只能通过采取行为、发出言语等手段，期待对方通过对行为和言语的感知和认知，发生某种心智状态的改变。在采取行为或发出言语之前，我们会基于自己的认知，判断对方的心智状态以及他们可能会如何解读某个具体行为和言语，并选取我们认为合适的方式。但是，一方面我们对他人心智状态的推测可能出错，另一方面，根据认知的假设性，基于过去经验的认知能够帮助我们对即将进行的互动进行预测并提高互动的成功率，却无法百分之百地确保互动的成功。同样，行为或言语的接收者可能和行动者对交际行为的认知有着差异。接收者可能会根据对行动者心智状态的判断来理解行动者的交际行为，但这也同样受到心智状态的不可传递性和认知的假设性的限制。此外，我们的认知存在两套相互联系的系统。我们常常是在有限理性的情况下进行交际的，我们常常不会充分考虑环境中的各种因素来做出最优的选择，也常常会进行直觉性的判断，并因此犯一些错误。不过，我们也有判断和发现错误的机制，并在发现错误时会尝试修正。

1.4 认知视角下的研究思路

我们认为，在认知语用学视角下，各个交际者之间总是可能存在认知差异，且双方无法直接交换或读取对方的心智状态。认知也具有假设性，因此基于认知的交际无法百分之百地确保交际的顺利。同时，在很多情况下，交际者的理性是有限的，因而交际者并不会全面考虑所有的因素，而其对交际行为的选择和理解也可能不是客观上最合理的。交际者在选择或理解交际行为时，会先有一个直觉性的判断，而当发现该直觉性的判断存在问题时，则又会进行修正。认知和理性的上述特性总是存在于交际的过程中的，这是我们进行一切讨论的基础。

交际是各个交际者共同参与的，如果我们忽视了对其中任意一名交际者的分析，所得出的结论就可能存在问题。不同主体之间的潜在差异和心智状态的无法传递性也要求我们在分析时要平等地对待各个交际参与者。由于交际可以是言语的，也可以是非言语的，因此，传统上所用的"说话人"和"听话人"并不能涵盖所有的交际情形。我们用行动者指称在交际某一阶段扮演主动行动角色的一方，而用接收者来指称对行动者行为进行感知和反应的另一方。我么要注意对行动者和接收者给予同等的重视。我们要将行动者和接收者分别看作有各自认知、意图、理性状态等的个体，他们在交际中彼此影响，同时又相互独立。需要指出的是，行动者和接收者只是对于某个特定阶段的特定交际行为来说的。在交际过程中，每个交际者都可以通过实施交际行为成为行动者，而对该交际行为进行感知和认知的一方就成为了该阶段中该交际行为的接收者。此外，对行动者和接受者的划分并不意味着交际的其中一方是主动的而另一方是被动的。每一个参与者在整个交际过程中都始终是主动的，有各自的意图和信念，也有付出各自的努力。当交际发生时，所有参与者的心智状态都同时出于活跃状态，交际的意义是交际所有的参与者集体构建的（巴拉，2013）。

除了区分行动者和接收者，我们还需要区分两种视角：观察者客观视角和交际者主观视角。站在第三方的客观视角来看，作为研究者和观察者，我们不需要像交际者一样做出即时的判断和选择，因此我们有充足的时间和精力，尽可能地分析每一种因素对交际的影响，可以看作是对交际中的各种因素是全知的。另一方面，我们也需要不时地进入交际者主观视角，从各个交际者的角度来看他们在交际的特定阶段分别处于怎样的认知状态。在任何交际中，交际的各个参与者都是基于自身的主观视角来进行认知和行动的。交际者会对他人的心智状态进行判断，也会比较彼此认知的异同，但这些也全是在主观视角下进行的。受限于认知的特性，不同认知主体之间对交际行为的认知总是可能存在差异，并且认知主体的认知总是可能出现偏差甚至错误。同时，对于实际交际中的认知主体来说，他们往往需要在极短的时间里作出快速的判断，因此无法像客观视角的研究者一样有充足的时间和认知资源来进行完善的认知和分析。当我们从主体视角进行分析时，就需要考虑到认知主体的这些局限性。

此外，我们需要区分充分理性和有限理性状态下的交际。我们假定，在充分理性的状态下，交际者在生成和理解交际行为时会在能力所及范围之内尽可能地考虑各种因素，这包括交际者对潜在的交际原则的认识和理解、对环境中各种客观因素的认知和对其他交际者心智状态的判断。我们也应该注意，所需要考虑的因素越多，所需要占用的认知资源和花费的时间也越多。而在现实中，许多交际往往是即时的、看似不需耗费认知努力的。我们接受有限理性的思路，认为在现实中人们往往是在有限的理性下进行决策和判断的，而这种有限理性也广泛存在于交际之中。我们需要认识到有限理性状态下的交际并非是交际的特殊情形，而在很多情况下是一种常规现象。我们也同样需要分析，在有限理性状态下，人们是如何选择和解读交际行为的。

　　综上所述，我们在认知语用学下分析交际时，注意交际本质上是各个参与者基于各自的主观视角的认知和行为所组成的，总是可能出现错误和差异。同时，我们要区分行动者视角和接收者视角、客观视角和主观视角，以及充分理性和有限理性状态下的交际。

1.5　要解决的问题

　　认知有具身性、私人性的本质，而交际又是人际的、多人合作互动的，多人的互动是由各个参与者基于自身私人性的认知和基于认知的行动所组成的——如何从个人的认知出发，来解释交际中的社会性、公共性的一面。

　　从主体视角来看，很多认知是自动的、快速的、无意识的。即使是十分理性的行动，其中有很多信息处理的过程也是无法被意识到的。然而，在过去的一些语用学分析中，分析者往往将言语交际中的各种因素都看作是有经过思考的、能被意识到的。在本文中，我们想要区分交际过程中，哪些因素是自动的、无意识的，哪些因素是需要较多努力的、有意识的，以及这些因素是如何在交际的过程中相互作用的。

　　基于认知的特性，交际的机制能够帮助主体提高信息交换的成功率，但无法百分之百地保证成功。交际者一方面希望尽可能地提高信息交换的成功率，一方面又希望以尽可能低的付出来实现这一点。我们希望描绘出能够实现最高成功率的机制，同时，在基本机制的基础上，又有一些"捷径"，能够减少认知的付出，但不可避免地可能会降低成功率。我们希望描述出这两种策略，以及交际者是如何在这两种策略中寻求平衡的。

　　我们将首先讨论交际的共同基础问题，然后讨论意图在交际中的作用。在共同基础和意图的基础上，我们将讨论语言和交际中的合作。最后，我们将对交际的流程进行梳理，并分析有哪些因素可能导致交际的失误和失败。

第2章　共同基础

　　在语用学研究中，交际者之间某种形式的共同基础（common ground）常常被视作交际的重要组成部分之一。共同基础问题讨论的是交际者在交际中的所拥有的相同因素以及交际者对它们的认识。即使是在最简单的日常对话中，我们也可以轻易发现共同基础对于交际的重要性。交际活动若要顺利进行，需要交际的参与者有一些共同基础。举例来说，当两个人要进行对话时，如果他们都懂某一种语言，比如汉语，那么他们的对话就更可能顺利；反之，如果一个人只会说汉语而另一个人只会英语，那么他们交流起来就会相对困难很多。再比如，一个学生A指着不远处的一个人P，对身边的同学B说："那个人是周老师的学生吗？"在这个情境中，如果A和B都懂汉语，且A和B都看到P，且A和B都认为A所说的"那个人"是指他们看到的P，且A和B所认为的"周老师"是同一个人，那么他们的交际顺利的可能性就会很高。我们也可以观察到，在交际中，交际者会依据自己与对方之间的共同基础来调整交际行为。例如，当一个语言学学生向同专业的同学介绍自己的研究方向时，他可能会说："我目前主攻语境问题。"该学生没有解释语境是什么，因为他认为对方作为语言学专业的学生，应当和自己一样了解语境的定义。但是，当他向另一个非语言学专业的朋友进行介绍时，他可能会说："我现在研究的是：各种因素是如何影响人们使用和理解语言的。"他认为对方没有和自己一样的对"语境"这个概念的理解，所以他选择采用一种更符合双方共同基础的方式来进行说明。交际者也同样会依据共同基础来对交际行为进行解读。设想一下，B认识两个叫"老李"的人——X和Y，而B认为A认识X而不认识Y，那么当A告诉B"老李如何如何"时，B会认为A所说的"老李"是他们都认识的X而不大可能是Y。

在本章中，我们将讨论交际的共同基础。

2.1 共同信念和共享信念

交际者要将某个信息作为生成或理解交际行为的依据，首先需要认为这个信息为真，或至少为了交际的目的而假设其为真。在文献中，共同基础问题一般被描述为交际双方的信念（belief）的问题（如Lewis，1969；Schiffer，1972；Clark & Marshall，1981；巴拉，1999；Lee，2001；Allan，2010；等）。不同的学者都采用了各自的术语来讨论这个问题，包括但不限于common knowledge（Lewis，1969；Stalnaker，1974）、mutual knowledge（Schiffer，1972）、shared knowledge（Kecskes & Zhang，2009）、mutual belief与shared belief（巴拉，1999）等。如Lee（2001）所指出的，术语的混乱主要在于不同学者对于相信/信念（believe/belief）、知道/知识（know/knowledge）、共同（common）、共享（shared）、互知（mutual）等术语都有各自的定义。为了能使接下来的讨论清楚明白，我们首先要对相关的术语进行界定。

我们每个人都各自拥有种种信念，其中的一些信念是和别人的信念相同或至少是大致相同的。比如，汉语的使用者对于汉语的音义映射关系有着大致相同的信念。语言学专业的学生们对一些语言学概念有着大致相同的理解。当A和B在聊"老李"的近况的时候，他们都认为"老李"指称的是他们都认识的X。我们将不同主体所拥有的相同的或大致相同的信念称为"共同信念"（common belief，简写为CB）。"共同信念"描述的是两个或多个主体的信念的比较。当我们站在客观视角进行比较时，"某主体相信p"被视作一种客观事实。如果主体A相信p，且主体B相信p，那么就可以说p是A和B的共同信念。共同信念可以形式化地表示为：

$$CB_{AB}p = A \text{ bel } p \wedge B \text{ bel } p$$

从主体视角看，A可能会认为B和自己有相同信念，也可能不会。有时，尽管双方在客观上有共同信念，A却可能会不认为对方有和自己一样的信念。设想一下，如果两个长期在日本生活的中国人在日本相遇，尽管事实上他们都会汉语，即他们都有汉语音义映射关系的共同信念，但是由于他们无法分辨出对方是中国人，因而他们都不认为对方会说汉语。可以想见，在这种情况下，尽管双方都懂汉语，他们在一开始却不会使用汉语进行交流，而只有当他们通过对方的口音等线索发现对方可能会汉语时，才可能会尝试使用汉语对话。同样地，当研究语境的语言学学生向朋友介绍自己的研究方向时，如果该朋友实际上和学生一样认为"语境"是指"影响人们使用和理解语言的各种因素"，但只要该学生不认为对方理解这个概念，那么他可能还是会采用一种阐释的方法来向朋友介绍，而非直接使用"语境"这个术语。同样的情况也会发生在话语的理解过程中，尤其是话语中存在多义词的时候。例如，阿拉斯加既可以指美国的阿拉斯加州，又可以指一种大型雪橇犬。A想知道B关于阿拉斯加雪橇犬的看法，于是A问："你觉得阿拉斯加怎么样？"B知道"阿拉斯加"的两种所指，在中立语境下，B可以对阿拉斯加有两种理解。尽管A和B都知道阿拉斯加可以指雪橇犬，但是如果B不认为A认为阿拉斯加可以指雪橇犬，那么B就可能会认为A指的是阿拉斯加州，从而导致交际的不顺利。在另一种情况下，如果A认为B不知道阿拉斯加可以指阿拉斯加州，因而依据"阿拉斯加是指雪橇犬"作为共享信念来生成话语，但B却认为A不知道阿拉斯加可以指雪橇犬，而将"阿拉斯加是指阿拉斯加州"来理解话语，那么也会导致误解的产生。据此我们可以认为，在进行交际时，交际者不仅需要有着和其他交际者相同或大致相同的信念，还需要认为其他交际者也拥有这些信念。我们将这种交际者自身拥有并认为其他交际者也拥有的信念称为"共享信念"（shared belief，简写为SB）。从主观上看，只要A认为p是自己和B的共同信念，那么A就将p看作了双方的共享信念，可形式化地表示为：

$$SB（A）_{AB}p=A\ bel\ p \wedge A\ bel\ B\ bel\ p=A\ bel\ CBABp$$

可以想见，交际的各个参与者对于p是否共享可能会有不同的判断。可能一方认为p是共享信念而另一方并不认为，或是双方都认为或都不认为p是共享信念。就如我们在上述几个例子中看到的，当交际者不认为p是共享信念时，他可能不会依据p来生成或理解交际行为。同时，上述两个阿拉斯加的例子也显示，如果说话人认为p是共享信念而听话人不认为p是共享信念，那么听话人可能就不会依据p来理解话语，并因此产生误解，导致交际的不顺利；而如果说话人认为p不是共享信念而根据q来生成话语，但听话人认为p是共享信念来理解话语，那么也会产生误解。而当A和B都认为p是共享信念时，交际是顺利进行的可能性会更高。

我们可以发现，共同基础问题涉及到两个主体信念的嵌套关系。A对p是否是共享信念的判断涉及A对B的信念的判断。理论上，如果有足够的时间和精力，主体对于这种嵌套信念的判断是可以不断地递归延续的。A可以就p作以下递归的判断：

（1）A bel p

（2）A bel B bel p

（3）A bel B bel A bel p

（4）A bel B bel A bel B bel p

（5）A bel B bel A bel B bel A bel P

……

（如此反复，以至无穷。）

为接下来讨论的方便起见，我们按照递归的顺序，将上述的（1）、（2）、（3）等称为一阶信念、二阶信念、三阶信念等，形式化表述为 BEL_{L1}、BEL_{L2}、BEL_{L3} 等。我们可以看到，共享信念是建立在一阶信念和二阶信念之上的。当主体基于关于p的一阶信念和二阶信念构建三阶信念时，我们会发现，实际上主体是在将一阶信念判断为共享信念。通过对公式的变形，我们可以更好地理解这一点：

BEL_{L3}=A bel B bel A bel p=A bel B bel（A bel p）=A bel B bel BEL_{L1}

其他更高阶的递归信念的表达式也可以变形为：

BEL_{L4}= A bel B bel A bel B bel p=A bel B bel BEL_{L2}

BEL_{L5}= A bel B bel A bel B bel A bel p=A bel B bel BEL_{L3}

......

BEL_{Ln+2}= A bel B bel A bel p=A bel B bel BEL_{Ln}

同样，当主体基于BEL_{L1}到BEL_{Ln+1}构建BEL_{Ln+2}，实际上是在将BEL_{Ln}判断为共享信念。因此，我们也可以说，当主体构建关于p的BEL_{L2}到BEL_{Ln+2}的各阶信念时，也是在分别将p、BEL_{L1}、BEL_{L2}直到BEL_{Ln}等判断为共享信念。这样，即使是在这样无限递归的信念序列中，我们也可以用"共享信念"解释每一阶的递归信念。

至此，我们区分了共同信念和共享信念。当A和B都相信p时，我们称p是A和B的共同信念。而共享信念则涉及了主体对他人信念的判断。当A和B都相信p，且A相信B相信p，且B相信A相信p，那么p是A和B的共享信念。我们还论证了，在无限递归的信念序列中，我们可以用"共享信念"解释每一阶的递归信念。在交际者与某个特定交际对象进行交际时，共同信念和共享信念都是影响交际者选择和理解交际行为的因素，因此我们将这两者统称为交际的共同基础（common ground）。

2.2 互有知识悖论

我们会发现，即使p分别是交际双方的主观共享信念，即A和B的一阶信念和二阶信念都成立，但如果其中一方认为三阶递归信念不成立，那么这位交际者就可能不会依据p来生成或理解交际行为，从而可能导致交际的不顺利。设想一下这样的情况：A和B实际上都认识两个叫"老王"的人，C和D。A认为B知道"'老王'可以指称C"（c），且B也认为A认为c，因此，A和B都将c看作主观共享信念，从而c是双方的客观共享信念。同时，双方都认为对方认识D，因此，"'老王'可以指称D"（d）也是双方的主观共享信念。但是，A认为B既认识C也认识D，并且认为B也知道自己这么认为。然而，B虽然同时认识C和D，也认为A同时认识C和D，但是他却认为A只认为自己认识C而不认识D。在这种情况下，如果A向B提到"老王"时，在没有其他语境因素的影响的情况下，B会因为认为A只认为自己认识C而不认识D，从而判断A在指C。尽管d也是B的主观共享信念，但B却不会依据d来理解话语。如果此时A实际在指D而不是在指C，那么就会产生误解。类似的情况也可能会发生在话语的生成上。例如，虽然c和d是双方的共享信念，但A认为B认为自己只认识C而不认识D，因此，A认为在没有其他语境因素的影响的情况下，当自己说"老王"时，B只会认为自己在说C，从而A会依据c而不依据d来生成话语。不过，与话语理解不同的是，在更多情况下，由于A意识到c和d都是双方的共享信念，因此为了避免歧义，A会在话语中来为B提供更多的线索来进行判断。

理论上，当涉及更高阶的递归信念时，还可能出现更复杂的情况。即使交际者关于p的一阶到三阶信念都成立，而四阶信念不成立的话，交际者也依然可能不会依据p来生成或理解交际行为。同样，对于五阶、六阶等更高的每一阶信念来说都是如此。对于早期的一些语用学理论家来说，这种理论上的可能性导致了一些问题。

Schiffer（1972）在Grice（1957）的说话人意义（S-meaning）的基础上，提出了"互有知识"（mutual knowledge）的概念。他将互有知识界定为潜在的无限递归的个体信念序列，用本文的表达式来表示就是：

MKABp=

A bel p ∧

B bel p ∧

A bel B bel p ∧

B bel A bel p ∧

A bel B bel A bel p ∧

B bel A bel B bel p ∧

……

（如此反复，以至无穷）

Schiffer认为交际者是依据这样的互有知识来进行交际的。然而，Schiffer对"互有知识"的定义有一个最大问题，即如何解释交际双方是如何确定某个知识是互有知识的。在他的理论框架下，要对互有知识进行完全的确认，会陷入无限的循环。正如我们在上文所指出的，对于任意一阶信念BeL_{ln}来说，只要BeL_{ln+1}不成立，都可能无法确保p可以作为交际的互有知识。为了确定p是互有知识，交际者必须确保每一阶的递归信念都成立，这意味着交际者在每次交际时都需要构建一系列无限递归的信念。正如Clark和Marshall（1981）所指出的，这样无限递归的信念在认知上是不可能实现的。如果交际的参与者在每次交际时都要这样确定互有信念以作为语境，那么即使是最简单的交际也会给参与者带来很大的认知负担，这与我们在短时间里就能几乎毫不费力地开展交际的事实是相矛盾的。这被称为"互有知识悖论"（mutual knowledge paradox）。

很多学者都尝试解决互有知识悖论。一些学者认为互有知识不需要无限递归，而只需要少数几阶的递归就可以。这种在少数几阶后就切断递归的判断方式被称为"中断启发式"（truncation heuristics）（Clark & Marshall，1981）。但是，采取这种解决方案的学者对于在哪一步切断递归却显得有相当的任意性。例如，Harder和Kock（1976）认为递归"大概不会超过六阶"；Kaspar（1976）认为递归不需要超过"最初的四阶或五阶"；Bach和Harnish（1979）则认为互有知识只需要三阶。另一种解决方案以Clark和Marshall（1981）为代表。他们不否认互有知识无限循环的本质，但是认为交际者在判断互有知识时，不必对这份无限循环的清单进行完全地确认，而是依据被他们称作"互有知识归纳图式"（Mutual Knowledge Induction Schema）的共现启发式（co-presence heuristics）来进行判断。他们所提出的互有知识归纳图式如下：

p是A和B的互有知识，当且仅当事件G的某个状态满足以下条件：

1. A和B有理由认为G成立。

2. G向A和B表明，他们每个人都有理由相信G成立。

3. G向A和B表明p。

Clark和Marshall认为通过采用互有知识归纳图式，就可以在避免无限递归陈述的情况下确保互有知识。但是，正如Lee（2001）所指出的，他们的解决方案似乎仍没有能完全回避无限递归的问题。根据"G向A和B表明，他们每个人都有理由相信G成立"这一条件，A和B都需要有理由相信对方相信

G成立。而由于这一点是在承认互有信念的无限递归本质的前提下提出的，因此要实现这一条件，A和B仍需要进行无限循环的递归判断。

对于互有知识悖论问题，Sperber和Wilson（1986）采取了一种截然不同的思路。他们将有关共同基础的问题看作是交际者确定语境的问题。他们指出，对于确定语境的问题，有两种相反的思路。第一种思路是：通过交际机制确定的语境在不受干扰的情况下，可以保证交际的成功；而误解之所以会产生，是因为交际的机制在干扰下有时被误用了。第二种思路是：交际机制至多使交际的成功成为可能，但并不能确保交际的成功；即使遵循了交际机制确定语境，误解仍可能发生。Schiffer遵循的是第一种思路，但他的理论陷入了矛盾之中。Clark和Marshall承认互有知识的无限循性，本质上也仍然是遵循了第一种思路，他们也没能彻底地解决无限循环的问题。Sperber和Wilson（1986）认为第一种思路是将交际看成"编码-解码"模式而产生的，而在认知视角下，"编码-解码"模式不能完全地描述交际的实际情形。因此，他们认为应当采取第二种思路来解决交际的共同基础问题，并提出了"相互显映的假设"（mutual manifest assumptions）的概念来代替互有知识的概念。这里的"假设"指被个人当作现实世界表征的思想，大致相当于Schiffer所说的"知识"和本文所说的"信念"。"显映"是指能被感知或被推理得出，可以有不同的程度。如果在一个共享的认知环境中，"哪些人是共享这一环境的"这一点是显映的，那么这个认知环境就被称为是"相互显映"的。"相互显映"的认知环境就是交际参与者的语境。Sperber和Wilson认为，相较"已知"，"显映"是一个相对更弱的概念。在一个相互显映的认知环境中，理论上主体有能力推理出无限递归的假设，那么根据显映的定义，这些假设对于主体来说都始终是显映的，只是递归的层数越高，显映的程度就越低，越难被主体实际构建。由于这些递归的假设本身都是显映的，因此每一层假设都不必依赖于更深一层的假设，也就因此不会陷入到无限循环之中。与互有知识不同，相互显映的认知环境无法确保交际双方所调用的语境是对称的，因为在相互显映的认知环境中，双方只是"有能力"构建在认知环境中显映的各种假设，双方实际上的假设集合可能有不同。但是，正如Sperber和Wilson所指出的，完全对称的语境是并不必要的：交际本身并不完备，失误是意料之中的事情，而人们会在交际中为自己的假设承担各种风险。

Sperber和Wilson在这个问题上的核心观点在于：主体对共同基础的判断不需要百分之百地符合实际情况，因为交际本身就是不完备的。Lee（2001）对于互有知识悖论问题也持有相似的观点。Lee指出，主体对于一个信念的确定程度是有不同的，而对于信念共享性的确定程度也是有不同的。尽管一个完全确定的、且共享的信念能够保证交际成功这一点对于理论家来说非常有吸引力，但是这样的概念对于实际的交际来说不是必须的。在认知视角下，我们赞同这种观点，并将以此为基础提出我们对于互有知识悖论的解决办法：区分主观共同基础和客观共同基础。

2.3 区分主观共同基础和客观共同基础

Sperber和Wilson（1986）以及Lee（2001）对于共同基础的观点与我们对认知特性的假设相一致。而当我们区分主观视角和客观视角考虑这个问题时，就会发现过去有关共同基础问题的讨论，都没能区分或至少没能明确区分以下两个概念：一个是交际在事实上顺利进行所需要的客观基础；另一个是交际参与者发起和理解交际行为的主观认知基础。

交际在事实上顺利进行，首先需要交际参与者有一组共同信念，同时需要交际者都将这组共同信念作为依据来生成和解读交际行为，这是交际顺利进行所需的客观共同基础。如果B不认识C，那么C就不是双方的共同信念，这时，当A用"老王"来指代C，交际就会不顺利。而如果A和B都知道"老王"可以指代C，且A试图用"老王"指代C，且B也将"老王"理解为C，那么不论A和B在生成和理解话语时构建了多少阶的递归信念，他们的交际都更可能相对顺利。

另一方面，交际参与者发起和理解交际行为则并不需要百分之百地确认客观共同基础。只要交际者在主观上认为或假设双方共享某种信念，就可以将此作为共同基础来进行交际。我们将交际者主观上认为或假设双方共享的信念称为交际的"主观共同基础"。主观共同基础是一个交际者的一种认知状态。交际者会根据以往的经验和对当前情境的认知来主观地对主观共同基础进行判断。

从认知的本质来看，主观共同基础是一种对双方心智状态的认知，因而主体无法百分之百地确保主观共同基础完全符合事实。主观共同基础可能符合客观共同基础，也可能有所偏差，甚至也有可能完全不符合客观共同基础。

我们需要指出的是，交际者对主观共同基础的判断不需要依赖于更高一阶的信念的判断。交际者对主观共同基础的判断在一定程度上是武断的、自我中心的。只要交际者主观上认为是或假设是，那就可以作为主观共同基础。例如，只要A主观上认为B认识C，那么A就可以将C作为双方的主观共同基础进行对话，而不必再进一步判断B是否认为A认为B认识C。不过，这并不意味着交际者不能构建更高阶的信念。交际者可以根据交际需要来构建关于主观共同基础的高阶信念。交际者有能力构建二阶、三阶等更高阶的信念，而正如Sperber和Wilson（1986）所说，只要递归的层数越高，就越难被交际者实际构建。交际者有能力在需要时构建各阶信念，并可以将其作为主观共同基础。但是，不论交际者决定以哪一阶的信念作为主观共同基础来生成或理解交际行为，他都不必构建比之更高阶的信念，尽管他有能力构建。那么，这里的关键问题在于，交际者既然有能力构建各阶信念，又是如何判断需要以哪一阶信念作为共同基础呢？或者再将问题宽泛化：交际者既然有能力构建各种不同的、甚至是相反的信念，又是如何判断以哪一个信念作为共同基础的呢？

答案并不复杂。正如之前所说的，在主观视角下，交际者对共同基础的判断不需要百分之百地符合事实，只要主观相信就可以。而当交际者没有足够的信息对共同基础进行判断并因此无法确定共同基础时，可以先假设某个可能的信念是共同基础来进行交际，然后根据他人的反应来判断自己最初的假设是否准确。如Sperber和Wilson（1986）所说，在交际中，失误是意料之中的事情，而人们会在交际中为自己的假设承担各种风险。如果发现最初的假设不准确，交际者可以视情况对主观共同基础进行调整。除此之外，交际者还可以采取一种更直接的方法：直接向对方进行求证。例如，在上述"老王"的例子中，如果B不确定A指的是C还是D，他可以直接问A："你说的老王是C还是D？"另一方面，正如我们在之前的分析中所提到的，我们所讨论的大多是在中立语境下的情形，而这可能更多地出现在听话人进行理解的情境中。而当说话人发现自己无法确定双方的共同基础时，说话人往往会在言语中提供相关的线索，使听话人能更容易分辨应当将哪一部分的信念作为共同基础来理解话语。

我们认为，"互有知识悖论"之所以会产生，是由于没能明确区分上述提到的这两点：第一，需要区分主观共同基础和客观共同基础；第二，主体在生成和理解交际行为时不必也无法完全确认客观共同基础，而可以依据主观共同基础来进行交际，且主观共同基础可以不必完全符合客观共同基础。不论是"互有知识"，还是"中断启发式"和"互有知识启发图式"，都将两种共同基础混为了一谈，因此才导致了悖论；Sperber和Wilson认识到了第二点，但没有明确地对两种共同基础作出区分。而当我们基于认知的特性对主观视角和客观视角进行分析时，两种共同基础的区分就十分明显。交际者对共享信念有主观的判断，并基于这些主观上的共同基础来生成和理解交际行为。而交际的顺利进行需要事实上的共同信念和各个交际参与者在主观上对共同基础的判断相一致，这些构成了交际顺利进行的客观共同基础。通过对这两者的区分，我们可以解决互有知识的悖论，并能够更好地理解交际者生成与理解交际行为的条件与交际在事实上顺利进行的条件之间的区别和关系。

2.4　共同基础的动态性

　　早期的语用学者倾向于将共同基础看作一种先于交际过程存在的心智状态（如Stalnaker，1978；Clark，1996）。而在认知视角下，越来越多的学者以一种动态的视角来研究共同基础问题，认为共同基础是在交际的过程中涌现的（Barr，2004；Barr and Keysar，2005）。我们也注意到了共同基础的动态性，不过并不同意共同基础完全是在交际过程中涌现的。我们认为应当将上述两种观点综合起来。

　　先看共同信念。我们认为，一部分的共同信念是在交际之前就已经存在的。两个人用汉语交流之前，他们有着有关汉语音义映射关系的大致相同的信念。如果A和B都认识C，那么在他们谈论C之前，有关C的一些信息也是他们的共同信念。另一方面，有些共同信念确实是在交际过程中产生的。例如：

　　A：电影几点开始？

　　B：9点。

　　A：那我们先去吃晚饭吧。

　　上述交际开始之前，因为只有B知道电影几点开始而A并不知道，所以"电影9点开始"这个信息并不是A和B的共同信念。随后B告诉了A，A听到并理解了B的话，此时从客观角度看，A知道电影9点开始，B也知道电影9点开始，"电影9点开始"这一信息就成为了A和B的共同信念。

　　如上文所述，p仅仅是双方的共同信念还不足以使他们依据p来进行交际，双方还需要判断p是否是互知信念。交际者在依据其主观上所认为的共享信念进行交际之前，该主观共享信念必然是已经在构建起来的。交际者对共享信念的判断可能正确，也可能会出错，但这都不妨碍我们在主观上依据这些信念来进行交际。同时，不论交际者主观上对共享信念正确还是错误，他们基于其所进行的交际会产生一系列的效果，他们可以从环境和交际对象的反馈中判断他们对共享信念的主观判断是否正确。比如，当我和朋友说"晚上在老地方见"的时候，我在主观上认为"老地方是地铁站"这一点是双方的共同基础。我对共享信念的判断可能符合事实，但如果朋友并不清楚我说的"老地方"是地铁站，那我对共享信念的判断就出错了。不过，即使如此，这也不妨碍我在说话时将"老地方是地铁站"作为共享信念来生成我的言语。认知是假设性的，在主观视角下，我在生成话语时无法百分之百地确认我对共同基础的认知一定是符合客观事实的。如果我主观上的共享信念和客观现实存在不一致，那么基于我错误的主观共同基础所生成的言语可能会产生一些后果，如朋友向我追问"老地方是哪里？"，或者我稍后没能在地铁站遇到朋友，这些都会为我提供线索，令我调整对共享信念的判断。从这个意义上说，主观共享信念也是动态的。

在交际过程中，交际的各个参与者都会根据各种不断涌现的信息来动态调整自己对共同基础的主观判断，而交际者主观上对共同基础的判断的变化也会引起客观共同基础的变化。说话人A可能依据p来生成话语，而听话人B最初可能将q主观判断为共享信念，从而依据q来理解话语。也就是说，最初p不是双方的客观共同基础。而随着交际的进行，听话人意识到依据q来理解话语并不正确，并将p判断为共享信念。此时，p分别就是双方主观上的共享信念，同时p也是双方的共同信念，p就成为了双方的客观共同基础。这一交际者主观共同基础的导致了客观共同基础的变化。

除此之外，我们还需要指出，说话人和听话人对客观共同基础的影响是存在一定的不同的。在交际的特定阶段，由于说话人是生成话语的一方，因此可以主动为环境提供一些新的信息，从而向听话人提示自己对共同基础的判断以及为听话人判断共同基础提供线索。例如，假如A和B都会汉语，但双方都不确定对方会不会汉语。此时，A可以先假设汉语是双方的共同基础，并使用汉语向B进行会话。此时的说话人A使用汉语进行会话这一交际行为本身向听话人B提供了A会汉语的证据，这样B就能够将汉语判断为共同基础。再比如，A和B都认识两个"老王"，C和D，如果A不确定B在听到"老王"时会认为时C还是D，A可以在话语中提供更多线索，如"隔壁办公室的老王", 使B调用与自己相符的信念来进行理解。

2.5 交际者并不总是依据共同基础

传统的语用学观点认为人们总是依据共同基础来进行交际的。但是, 近年来的一些研究指出, 人们在交际时并不总是参照共同基础。

Keysar等 (2000) 设计了一种实验来检验人们在解读语言时对共同基础的使用情况。实验任务由两人共同完成, 其中一人是被试, 另一人是伪装成被试的研究助手。两人相对而坐。在两人中间的桌子上, 有一个置物架。置物架上有四列四排共16个格子。其中, 多数格子的两边都没有阻挡, 两人都能看到格子里的内容。少数格子在研究助手一侧有不透明的隔板, 因此只有被试能够看到格子里的内容, 而研究助手则看不到。有些格子上放着一样东西, 有些格子是空的。格子里放的东西有些是不同种类的, 有些是同种类的, 但是形状上有区别。例如, 在下图中, 有三个格子里分别放着大、中、小各一支蜡烛, 其中大蜡烛和中蜡烛是双方都能看到的, 而小蜡烛只有被试能够看到。在实验中, 由研究助手发出指令, 被试根据研究助手的指令来移动格子中的物体。在研究助手所发出的指令中, 有一个实验的关键指令, 如移动"那个较小的蜡烛"。在实验过程中, 实验者会用设备追踪被试眼注视情况。实验结果发现, 在研究助手发出关键指令时, 即使作为说话人的研究助手无法看到被阻挡的物体, 被试也仍会考虑将被阻挡的物体看作指称对象。例如, 当研究助手发出指令, 让被试移动"那个较小的蜡烛"时, 尽管研究助手只能看到大蜡烛和中蜡烛而无法看到被阻挡的格子里的小蜡烛, 但是被试仍会对小蜡烛进行注视, 说明被试会考虑将小蜡烛看作"那个较小的蜡烛"的指称对象, 尽管被试最终还是会移动中蜡烛而非小蜡烛。并且, 即使被试在实验开始前就明确知道说话人看不到这些物体, 或者被试明确知道说话人对被隐藏的物体有错误的信念时, 被试也依旧会在听到指令时考虑这些物体 (Keysar等, 2003)。

　　这些实验结果表明，听话人在理解话语时，至少在进行初步的理解时，并不总是依据双方的共同基础。Keysar等（2000，2003）认为，听话人在理解指称性表达时，有时会采用一种个人中心式的视角。也就是说，他们会倾向于从他们自己的视角来考虑指称物，尽管他们知道说话人是不知道这些物体的。这些发现对共同基础在理解中所扮演的角色和消解模糊性的策略有着直接的影响。当听话人清楚地知道哪些物体是共享的、哪些是隐藏的时候，为什么他们仍然会使用一种自我中心的策略？这样的策略所需的认知努力可能是最小的，因为它采用可及的信息，并且不将其他的视角纳入考虑，而其他的视角可能需要进一步的心智计算。此外，这种策略利用了交际机制的本质：听话人在使用共同基础方面可以不必非常严谨，因为他们的会话对象会探测到错误并纠正错误。虽然如此，但是错误并不总是会被探测到的。这就使自我中心解读策略有了一个潜在的代价，因为这种策略有时会导致差错，而有时是不可逆转的。为什么听话人会冒着这种犯错的风险？认知的双系统理论（Tversky & Kahneman，1974））认为，自我中心策略的常规受益高于犯错的常规代价。这种解释认为，听话人在进行理解时做出了一些"牺牲"——他们采用一种尽管容易出错、但相对高效的策略，而这是为了适应自身有限的心智能力。转换视角、考虑共同基础虽然可以提高成功率，但是会需要更多的认知努力，而采用直觉性的、自我中心式的策略则几乎不必付出认知努力，但是需要以更高的错误率为代价。主体会在这两种策略之中寻求一个平衡点。

　　一些学者尝试用实验证明主体对他人视角的考虑是需要耗费额外努力的。Epley等（2004）指出，考虑他人的视角需要时间也需要动机。Lin等（2010）发现，有着相对较低的工作记忆容量的被试，相比有较高工作记忆容量的被试，在使用他们的心理理论来解读行为时，表现得相对低效。Davis等（1996）和Lin等（2010）的实验指出，当人们被一个同时进行的任务分心时，他们想象他人视角的能力就可能会下降。此外，在会话中积极监控他人的信念也似乎需要注意资源（Apperly等，2006；Vorauer等，2009）。这些研究表明，在理解话语时，一个主体对自己的视角和心智状态的调用更可能是基本的，而对他人视角和心智状态的考虑则是需要额外的认知努力的。在受到时间限制、认知能力不足、其他认知任务占用认知资源等情况下，主体就更可能减少对他人视角和共同基础的考虑。这与双系统理论的假设基本相符：主体会首先依靠系统一采用直觉性的判断，而当探测到直觉性判断可能出错的情况下，系统二才会介入，进行更深思熟虑的判断。

上述的这些研究主要聚焦于听话人对话语的理解上。我们认为，这些研究结果和双系统理论也同样适用于说话人对话语的选择。说话人想要实现某种效果而选择相应的话语，在选择时，说话人也会在两种策略之间寻求一种平衡。有时，说话人会选择并不符合双方共同基础的话语，即使说话人知道或有能力判断双方的共同基础。而当受到如时间、认知能力、认知精力等条件的限制时，说话人则同样可能会更少地考虑共同基础，而更多地依赖于直觉性的判断。例如，归国留学生和外企工作人员这类长期处于外语环境或双语环境中的人，常常在对非外语使用者说话时也不自觉地使用一些外语词汇。比如下面的例子：

（留学生和母亲已打了1小时的电话）

留学生：妈，我有篇论文赶deadline呢，先不跟你说了，挂了啊！

外企员工（对朋友）：明天我们公司有个新员工的orientation，我得早点去，今晚就不跟你们去唱歌了。

第一个例子中的deadline是指论文的截止日期，而第二个例子中的orientation是指向新员工介绍公司和工作的各种相关情况的指导活动。尽管留学生和外企员工可能知道母亲和朋友并不懂英语，但是他们依然选择了使用英语词汇。对于他们来说，这些英语词汇是在日常学习和工作中常常使用的词，在用来指代相关事物时会直觉性地选用这个英语词汇，而非使用对应的汉语词汇，尽管汉语词汇才是符合双方的共同基础。

同样的情况也常常会发生在普通人的生活中，如下面的例子：

A：我听说老李好像生病了——我是说市场部的老李，不是财务部的老李。

父亲：照片上这个爷爷以前是一级工程师！

儿子：哦，"不明觉厉"。

父亲：什么力？

儿子：我是说，虽然我不是很明白一级工程师是什么，但是感觉很厉害的样子。

父亲：这又是什么网络流行语吧？

说话人常常会不考虑双方的共同基础，而采取一种更省力的策略，选用直觉性地出现在脑海中的选项。不过，说话人也能够自己意识到或通过听话人的反馈意识到直觉性的选项可能会造成听话人的误解或理解失败，从而进行进行进一步地考虑，选用更符合双方共同基础的表达方式。在前一个例子中，A刚说完前半句话，就意识到"老李"这个称呼可能会造成误解，从而采用了更准确的表达方式。在后一个例子中，儿子通过父亲的反馈意识到父亲并不理解"不明觉厉"这个网络说法，从而用父亲能够明白的语言做了进一步的解释。

因此，我们认为，不论是说话人还是听话人，在交际时都在两种策略中寻求平衡：一种策略是考虑共同基础，这种策略有更高的成功率，但也需要付出更多的认知努力和时间，也会占用更多的认知资源；另一种策略是基于个人视角的直觉判断，这种策略几乎不需要什么认知努力，但是代价是更高的失败可能性。而在受到一些因素的限制时，交际者更可能会依靠直觉判断来进行交际。

2.6　小结

在本章中，我们定义了与共同基础有关的两种信念：共同信念和共享信念。对于由无限递归信念序列导致的"互有知识悖论"，我们提出了通过区分主观共同基础和客观共同基础来解决。我们可以对两种共同基础的区别和关系总结如下：

（1）每个交际者对主观共同基础的判断都是基于自己的认知的，只要交际者主观上认为某个信念是或可能是共享的，就可以将该信念看作主观共同基础并基于此生成或理解交际行为，不论主观共同基础是否符合实际情况。

（2）交际者对主观共同基础的判断可能会基于多阶的递归信念，但是无论交际者依据哪一阶的递归信念判断共同基础，都不需要构建更高阶的递归信念。

（3）客观上，各交际者所依据的主观共同基础可能一致，也可能不一致。事实上的一致能提高交际顺利的可能性，事实上的不一致会提高交际不顺利的可能性。

（4）主观共同基础和客观共同基础都有动态性。行动者和合作者都可以根据对实际情况的认知，不断调整自己对共同基础的认知，从而可能可以使两者的主观共同基础趋向一致，而这也会在事实上扩大客观共同基础，提高交际顺利的可能性。

需要强调的是，交际者并不总是会依据双方的共同基础来进行交际的。即使在明确知道或有能力判断共同基础的情况下，交际者依旧可能采取一种更个人中心的方式。听说双方都是如此。我们认为，这是因为在交际中有两种策略。一种策略会更多地采取他人的视角、更多地考虑双方的共同基础，是更需要一定的思考的，这种策略会带来更高的成功率，但是同时会耗费更多的认知努力和时间，并占用更多的认知资源。另一种策略则更多地采取主体自身的视角、知识和语境，更少地考虑双方的共同基础，是更为直觉性的，这种策略所耗费的认知努力和占用的认知资源要少得多，但是更有可能出错。在受到认知资源、认知能力、时间等条件的限制时，主体就可能会更少地考虑共同基础，而更多地依赖于直觉性的策略。交际者总是在这两种策略之间寻求一种平衡，这也是由认知的特性决定的：主体总是希望以尽可能少的付出来获取尽可能大的认知效果。

第3章 意图

意图在语用学中是个非常重要的概念。不论是格莱斯理论（Grice，1957，1969，1975，1978），还是试图修正格莱斯理论的新格莱斯主义（如Horn，1984；Levinson，1987），抑或是以关联理论（Sperber & Wilson，1986，1995）为代表的后格莱斯理论发展，都假设言语交际涉及了说话人表达意图以及听话人将意图赋予说话人的过程。秉持着这种假设的语用学理论也被称为"认知-哲学语用学"或"英美语用学"（Haugh，2008）。这种以意图为中心的思路在语用学研究中长期占据着主流地位。不过，在最近二十年间，有一批语用学学者（如Verschueren，1999；Gibbs，1999，2001；Jaszczolt，2006；Arundale，2008等）开始质疑意图在言语交际中的中心地位。他们倾向于将意图定义为一种事后的参与性资源，是在互动中涌现的，并认为意图对于交际的作用和其他心理状态对交际的作用差不多，在交际中没有特殊的地位。这种语用学理论也被称为"社会-互动语用学"或"欧洲-大陆语用学"（Haugh，2008）。

意图是如何影响交际的？我们认为，要回答这个问题，首先要弄清意图是什么。我们将先考察哲学、心理学和神经心理学对意图的相关研究，并在此基础上对意图的一些性质进行讨论。之后，我们将回顾以Grice理论为代表的认知-哲学语用学的基本观点，并在认知语用学的主体视角下分析这些观点存在的问题，同时给出我们的修正方案。最后，我们会对社会-互动语用学派的观点进行讨论，看看他们的观点是否真正挑战了交际的意图中心论。

3.1　意图的定义和特性

我们先来看看哲学、心理学和神经学方面有关意图的研究。

3.1.1　哲学中的意图

西方哲学对于意图的讨论可以追溯到亚里士多德时期，并随着哲学的发展延续至今（张巍，2015）。其中，心灵哲学和行动哲学对于意图的研究尤为重视。虽然目前为止，学者们仍未能对"意图"达成一个完全统一的定义，但是大部分人都认同的一点是：意图是一种心智状态，在心智与行动之间起着某种中介连接作用。

早期的行动哲学家单纯将意图理解成心智和行动之间的一种连接，并不将意图看作一种独立的心智状态，而倾向于将它们还原成其他心智状态，如信念和愿望，以及它们的叠加（Davidson，1963）。不过，哲学家们很快发现意图有自己的区别性特征，因而应当被视作是一种与信念、愿望等平等的、独立的心智状态。尽管信念和愿望在意图产生的过程中有一定的作用，但意图是无法被还原为信念和愿望的。Searle（1983）从"适应指向"（direction of fit）和"满足条件"（conditions of satisfaction）两方面指出了意图、信念和愿望的不同。在信念指向上，信念的适应指向是"从心灵到世界"的，而意图和愿望则是"从世界到心灵"的。在满足条件上，Searle（1983）指出："我的信念将被满足，当且仅当事物恰如我所相信它们所是的样子；我的愿望将被满足，当且仅当它们被满足；我的意图将被满足，当且仅当它们得到实施。"可以看到，特别是在满足条件上，意图和信念与愿望有着根本性的不同。Bratman（1987）也指出，意图包含了一种对实践的承诺或投入，而信念和愿望则没有这种属性。目前，将意图看作一种独立的、不可还原的心理状态的观点是行动哲学意图理论中的主流（张巍，2015）。

哲学家们还观察到意图有不同的表现形式，并一直在试图找出能将这些不同表现形式统一起来的方法。例如，Searle（1983）区分了两种意图：在先意图（prior intentions）和行动中意图（intentions in action）。在先意图是这样一种意图：在行动者做出行动A之前，就已经有了去做行动A的意图。例如，我在家里打算开车去学校，那么在我实际实施"开车去学校"这个行动之前，"开车去学校"这一意图已经产生了。当然，我也可以在产生在先意图后，并不实际付出行动来实现意图。例如，我打算中午开车去学校，但后来却一整天都没有出门。与在先意图相对的，存在另一种情形，在这种情形中不存在在先意图，意图就在行动中。例如，我在车站等车时，常常会突然开始小范围地来回踱步。在踱步之前，我并没有产生踱步的在先意图，我只是踱步了而已，而我同时又是带着意图踱步的。这种意图被Searle称为行动中意图。

Searle（1983）指出，至少有三种方法可以区分在先意图和行动中意图。首先，正如上述踱步的例子所展现的，一个人做出的许多行动都是他自发地做出的，而在其中并没有形成去做这些事情的在先意图。其次，即使我持有去做某种行动的在先意图，要实际实现这个意图仍会需要很多附加行动，而这些附加行动虽然可能没有在在先意图中得到表征，但它们仍是被我带着意图做出的，这样的意图也是行动中意图。例如，在"开车去学校"的例子中，我需要实施开车门、坐进驾驶座、插入钥匙、发动汽车、踩放离合器、踩油门、换挡、控制方向盘等行动。在实施这些行动时，我很可能并没有关于这些行动的在先意图，但是我却有意地去做了。最后，从语言表达式的角度看，在先意图的特有语言表达形式是"我将要做A"或者"我打算做A"。而与之相对的，行动中意图的特有表达形式是"我正在做A"。

那么这两种意图之间的关系是怎么样的呢？Searle（1983）认为，所有有意的行为都有行动中意图，但并不是所有的有意行为都有在先意图。在先意图会引起行动中意图，而行动中意图引起动作。Searle认为，意图有因果性的传递性，因此在此基础上也可以说，在先意图既引起了行动中意图，又引起了动作，而且由于这种结合恰好就是行为，所以，我们可以说在先意图引起这项行为。

通过这种方法，Searle将在先意图、行动中意图、动作和行为联系了起来。其他学者对于意图不同表现形式的划分和将这些形式统一起来的解决方法虽然与Searle的存在一些差异，但是他们大致都同意以下几点。首先，他们大都认为存在关于未来的意图和在行动当下的意图。例如，Anscombe（1963）区分了"关于未来的意图"（intention for the future）和"行动中的意图"（intention with which someone acts），Brand（1984）区分了"即时意图"（immediate intentions）和"预期意图"（prospective intentions），Mele（1992）区分了"近意图"（proximal intention）和"远意图"（distal intention），等等。他们都认为这些意图的表现形式既有区分又有联系。其次，他们大都认为意图是先于行为的。在Searle的理论中，可以很直观地看出不论是在先意图还是行动意图都是先于身体动作的，而身体动作的实施是实施行为的必要条件。Brand（1984）也认为即时意图是行为的即时先行心理状态，而只有即时意图能够引发行为。

总体来看，行动哲学中目前关于意图较一致的观点是：意图是一种独立的心智状态，在心智和行为之间起着连接作用。此外，存在两种意图的表现形式：关于未来的意图和在行动当下的意图。不论意图表现为哪种形式，都是先于行为的。

3.1.2　心理学中的意图

与哲学中一样，心理学中往往也将意图看作一种独立的心智状态。一些心理学家讨论了意图和其他心智状态之间的关系。Astington（1993）基于对儿童心理发展的研究指出了几种心智状态之间的关系：愿望引起意图，而意图引起了行动，行动则引起了结果。这种主体在实现一个目标时各种心智状态与行为之间的联系被称为意图链（Intentional Chain）。Malle和Knobe（1997）设计了几个情境案例，在不同的案例中为主人公设置了不同的心智状态。他们让被试判断几个案例中的主人公的行为是否是有意行为，并试图根据心智状态的变量和被试对有意行为的判断来判断意图和行为的前提。结果发现，被试普遍认为，信念和愿望是意图的前提，而意图、技能和意识（awareness）则是行为的前提。Malle和Knobe（1997）认为这反映了大众朴素心理中对意图的认识。他们将其称之为BDI（Belief-Desire-Intention）理论。这些观点基本和哲学中对意图的观点一致。

心理学中的"心理理论"理论认为：人们有将心智状态（信念、意图、愿望、情绪、知识等）赋予（attribute）自己或他人的能力，以及理解其他人拥有与自己不同的信念、愿望、意图和观点的能力（Premack & Woodruff，1987）。需要注意的是，这里所说的"心理理论"是一种大众的朴素心理学（folk psychology）（Perner，1991；Astington，1993），并不是一种学术意义上的理论。我们每个人都有这样的朴素心理学：我们能够从他人的话语、动作和表情等中自然地了解和推测出对方的想法、情绪等，但是我们却一般无法以一种系统的、精确的、理论性的方法来解释我们是怎么做到这一点的。这就好像有经验的老农能够快速地判断农作物的健康情况，却无法从作物内的发生了怎么样的生化反应、具体的指标数值等角度来进行解释。只有经过系统学习和训练的研究者，通过对各因素的科学观察和分析，才可以对这些现象进行系统的解释，形成学术意义上的理论。

不过，即使普通人对于"意图"没有哲学性、系统性的认识和概念，也并不妨碍他们对他人的意图进行判断。许多证据表明，儿童在很小的时候就开始展现出对他人意图的理解了。大约从12月龄甚至更小的时候开始，婴儿就已经开始能够将他人的意图行为与意外行为或无生命的物体导致的运动区分开来。同样在这个时期，婴儿能够根据他人的行为线索（如注视、手势、姿态）和语言线索来推测他人的意图（Brandone & Wellman，2009；Sakkalou等，2013；Woodward等，2009）。到了14月龄时，婴儿开始理解他人做出的"指向"行为或者"注视"行为可能带有交际的意图（Behne等，2005）。18月龄的婴儿已经知道能够很好地区分成人的行动是有意的还是不小心做出的，也能判断成人的行动失败是由于目标错误造成的还是动作出现偏差造成的（Meltzoff，1995；Meltzoff & Brooks，2001）。3岁的儿童则能够通过将目标和结果相匹配来熟练地推测出他人的意图（Astington，2001）。到了6岁左右，随着心理理论能力的成熟，儿童对于他人意图的理解和推测也变得更加成熟（Blakemore & Decety，2001）。

心理理论能力是主体从主观视角对自己和他人的心智状态进行理解和判断的能力。一个人可以直接感知自身心智的存在，但没有人可以直接感知他人的心智。因此，主体基于心理理论能力对他人心智所作的判断是一种主观的判断。主体对他人心智状态（包括意图）的主观判断总是可能与他人实际的心智状态存在不一致的。

虽然主体对他人意图的理解是一种主体的主观视角。但是我们将其作为一个研究对象时，是可以从观察者的客观视角去进行讨论的。一方面，从主体角度，主体是认为在自己和他人的心智中，存在某种"东西"使自己和他人产生行为，并且主体会对这个"东西"进行理解和判断。不过，从主体角度，主体所认为和所理解、判断的意图是一种朴素心理学，因而并不是严谨、客观的。另一方面，从研究者角度看，我们会试图用一些理论工具将意图从客观角度进行刻画，想要使我们对意图的描述严谨化、客观化。

在客观视角下，我们可以区分出言语交际中"说话人的实际意图"和"听话人对说话人意图的判断"。首先，说话人的意图是主体的心理状态的其中一种，本身就是意图，直接影响着自身行为的实施。其次，另一方面，主体有心理理论的能力，会对他人的意图进行判断。判断他人的意图，意味着将他人的意图作为处理的信息的一种，这种判断的结果本质上是一种信念。作为一种信念，对他人意图的判断是可能不准确的，甚至可能是错误的。此外，根据意图链（Astington，1993）和BDI理论（Malle & Knobe，1997），信念不会直接影响行为，而需要通过影响自身的意图，再通过意图引起行为，来间接地影响行为。

对"说话人的意图"和"听话人对说话人意图的判断"这两者进行区分非常关键。这种区分能帮助我们解决很多Grice理论中的问题。

3.1.3 神经心理学中的意图

神经心理学的意图研究可以帮助我们了解意图和主体理解意图的生理机

制。

神经心理学所关注的一个问题是：我们的愿望和目标是如何转换成行为的，以及在这过程中的信息处理机制是怎样的，各个程序又分别由哪些神经负责。从神经心理学的角度看，"意图"这一术语实际涵盖了将愿望和目标转换成行动的信息处理链中的几个不同的程序。

解释行动生成和控制的计算模型（computational model）理论（Wolpert等，1995；Wolpert，1997；Wolpert and Ghahramani，2000；Blackmore等，2002）认为，目标转化为行为的过程涉及了动作选择、效果预测、感觉信息反馈、动作微调等程序。在转换一个目标时，一个计划器（planner）首先进行动作选择（movement selection），将恰当的动作指令（motor command）传送到肌肉。同时，一份动作指令的感知副本（efference copy）会被传送到内部预测模型（internal predictive model）。预测模型评估动作指令可能产生的效果。另一方面，实际运动所产生的反馈会提供有关实际运动的进一步信息，这种信息会因为感觉信息的传输而有延迟。预测模型则绕过了这些延迟，因而可以对运动进行更快的微调，也从而使运动更加流畅。在目标转换为行动的过程中，有些部分是可以被我们有意识地觉知到的，而也有相当一部分是无法被我们意识到的（Blackmore等，2002）。其中我们经常能够体验到的是"去做某事"的意图，即有意识的意图。主体对这种有意识的意图的直观感受就是"去做某事"的"冲动"（urge）感。

神经解剖学上表征意图形成的脑区包括感觉皮层（sensory cortex）、前额皮层（Prefrontal Cortex，PFC）、基底神经节（basal ganglia）、杏仁核（amygdala）、前扣带皮层（Anterior Cingulate Cortex，ACC）和运动辅助区（Supplementary Motor Area，SMA）。来自感觉皮层的输入触发了不同的刺激，这些刺激会激活前扣带皮层的相关运动反应，再进一步激活相关的运动辅助区（Libet，1985；Tsakiris & Haggard，2010）。另一方面，情绪系统（相关脑区包括杏仁核、伏核、腹内侧前额皮层等）会即时地监测情境并对意图产生影响（Tsakiris & Haggard，2010）。基底神经节对于意图也有着调整的作用（Norman & Shallice，1986；Baumeister & Tierney，2011）。意图可以被视作为感觉、运动和情绪综合作用的结果，而根据脑电实验的证据，这种综合作用最终在运动辅助区所产生的激活，会由被试报告为开始一个行动的"冲动"（Aigbedion，2016）。这种"去做某事的冲动"可以看作是有意识的意图的体现。

正如哲学中区分了行动中意图（在行动当下的意图）和在先意图（关于未来的意图），一些认知神经学研究中也区分了与运动有直接关系的近意图（proximal intentions）和在运动之前就进行计划或决定的远意图（distal intentions）。上述有关意图神经机制的结论基本是基于对近意图的实验的，被试被要求在产生意图时立刻作出行动。然而，在很多情况下，在主体产生了"去做某事"的意图后，并不会立刻去行动，而是会在一段时间后再行动，这样的意图是"远意图"。Vinding等（2014）的研究发现，近意图与远意图的早期预备电位（readiness potential）没有明显区别，但晚期预备电位却有显著的差异。此外，他们还发现，在被试生成远意图时，在内侧额叶区会产生一个"意图电位"（intentional potential）。这个电位只在主体自己产生远意图的情况下才被发现，而在主体对外界提示进行响应时则不会形成。

值得指出的一点是，一些研究指出，对于行动中意图来说，"有意识的意图"是在行为选择的信息处理过程之后才产生的。Libet（1985）的经典实验发现，在主体进行自主行动时，大脑会先产生一个预备电位（readiness potential，RP），为行动进行准备，而在预备电位产生后的几百毫秒之后，才会产生"有意识的意图"，然后，大约200毫秒之后，再发生肌肉运动。尽管Libet的实验方法受到了许多批评（Trevena and Miller，2002），但是他的实验结果得到了复现（Haggard and Eimer，1999；Sirigu等，2004）。这个结果表明，至少对于有意识的行动中意图来说，并非是有意识的意图引起行动，相反，行动的启动涉及了一个无意识的神经过程，而这个无意识的神经过程产生了对意图的有意识的体验。许多研究表明，构成我们的行为的很多信息处理过程都是"自动"的，而我们只会意识到这个行动的"冰山一角"（Blakemore，2002；Haggard，2005）。对于Libet等人的实验结果，一种理解的方式是，意图实际上涵盖了将愿望和目标转换成行动的信息处理链中的几个不同的程序，这些程序共同引起行为，其中有些是能被意识到的，而有些则不能被意识到。而"有意识的意图"的产生是这整个过程中的一个环节，是整体"意图"的一部分。

在自主行为的过程中，还包含了信息扩展的过程。行为控制被认为是以等级性组织的（Saltzman，1979）。以"做一个三明治"为例，总体的目标（"做一个三明治"）是抽象的，因为这个目标并没有明确给出应当做哪些特定的运动、这些运动应该以怎样的顺序进行。但是，这个抽象的目标可以被分解为更多特定的二级目标，比如切面包和涂蛋黄酱，而每个这种二级目标又可以进一步分解为更多的三级目标、四级目标等，最终分解为具体的运动行为。最近，在神经心理学中还出现了一种更有争议性的假设，即这种行为控制的等级性是沿着额叶的首尾梯度实现的（Koechlin et al.，2003；Badre & D'Esposito，2007；Badre等，2009），额叶更前端区域的神经元负责处理抽象的动作目标（比如决定做一个三明治），而额叶更后端区域的神经元则处理更为具体的、更接近具体运动输出的行为信息。较抽象的目标更有可能被意识到，而更为具体的运动控制则更不可能被有意识地觉知到。

神经心理学同时也关注人们是如何理解他人的意图的。许多认知神经学的研究已经表明，人们可以通过对他人的观察和对他人心智状态进行归因的能力来理解他人正在或将要做什么（Rizzolatti & Sinigaglia，2008；王桂琴等，2001）。对于他人意图的探测，可以分为自动的和有意的两种。一些研究（Van Duynslaeger等，2007，2008）揭示了两种探测的ERP类型。第一种是P200，对早期的、自动的特征编码和分类进行反应。第二种是P300，出现的时间较晚，会对理解过程中的不一致性进行反应。这些特征使P200和P300成为了探索自动（早期）和有意（后期）目标推测的神经关联物的理想指标。Van der Cruyssen等（2009）发现，在自动和有意推测中，都能发现P200。与此相一致的是，ERP的信源定位（LORETA）表明，不论是在自动处理还是有意处理的过程中，在目标探测期间、以及在目标探测之后的极短时间内（225-300ms），主要在颞顶联合区（TPJ）会有激活，而TPJ主要参与对他人意图和愿望的自动赋予。由于P200和颞顶联合区的激活都是对目标的自动推测的指标，而这两个指标又在自动推测和有意推测中都出现，因此，这些结果表明，人们会自动、快速地推测意图。

一些有关意图理解的研究区分了私人意图和社会意图，在社会意图下则又进一步区分出了交际意图（Walter等，2004；Ciaramidaro等，2007；王益文等，2012）。在他们的定义下，私人意图是不涉及他人的意图，而社会意图则是涉及他人的意图。交际意图的定义则源自认知语用学，是一种想要对另一个人产生某种效果、并希望被此人所识别的意图（在下文中我们会从语用学角度对交际意图进行更详细的讨论）。事件相关电位（ERP）的实验结果显示，不论是理解他人的私人意图还是交际意图时，都会产生与其他心智状态不同的神经活动；并且，理解私人意图和交际意图时的神经活动也有明显的差异（Walter等，2009；王益文等，2012）。当被试不知道手部行为的交际性时，这些区域则不会被激活。此外，理解私人意图、社会意图和交际意图的脑区也存在不同。心理理论的神经系统包括了右侧和左侧的颞顶联合区（temporo-parietal junctions，TPJ），楔前叶（precuneus），以及内侧前额叶皮层（medial prefrontal cortex，MPFC）。右侧颞顶联合区和楔前叶对于处理所有的意图都是必要的。在理解私人意图时，心理理论的脑区中只有这两个区域被激活。左侧颞顶联合区和前泛扣带回皮层（anterior paracingulate cortex）只有在理解社会意图时才会激活。其中，左侧颞顶联合区是只有在理解交际意图时才被激活的（Ciaramidaro等，2007）。Möttönen等（2016）的手语实验则进一步指出，在被试知道手语者有交际意图的情况下，对手部行为的处理激活了左侧和右侧的额下回（inferior frontal gyrus），即使被试不理解其中一部分手语的意义时，也会有这样的激活。这表示，无论被试是否理解手部行为的意义，都对手语者的交际意图进行了处理。这些证据表明，对他人的私人意图的理解和对他人的社会意图的理解有不同的脑区激活，而对他人的交际意图的理解和对其他意图的理解也有不同的脑区激活。可以认为，人们对他人的交际意图有独特的反应，或者说，人们将交际意图作为一种独特的意图来理解。

通过对哲学、心理学和神经心理学相关研究的回顾，我们可以总结出意图的一些特性：

（2）意图在心智和行动之间起着中介联系的作用。

（3）意图是先于行为的。

（4）意图是一种独立的心智状态，因而也是无法被直接读取或传递的。

（5）意图有不同的表现形式。根据意图与行为的时间关系，可分为在先意图和行动中意图。根据意图与他人的关系，可分为私人意图和社会意图，而社会意图下又可分为交际意图和非交际意图。

（6）意图涵盖了将愿望和目标转换成行动的信息处理链中的几个不同的程序。其中，能被主体觉知到的"有意识的意图"是这个处理链中的一个部分，而这个过程中有相当一部分在行动时是不被主体所意识到的。

（7）主体有判断他人意图的能力（有些文献也会说将意图"赋予"（attribute）他人）。但是，主体对他人意图的判断本质上是一种信念表征，且可能和他人的实际意图有差异。

（8）主体会将他人的交际性意图和其他意图区分开来，并会将他人的交际性意图作为一种特殊的意图来进行判断。

3.2　认知–哲学语用学

如上文所说，认知-哲学语用学都假设言语交际涉及了说话人表达意图以及听话人将意图赋予说话人的过程。而这种以意图为中心的观点都滥觞于Grice的理论。Paul Grice在1957年发表了一篇名为《意义》（Meaning）的文章，尝试从意图的角度来解释意义。Grice在文章中的观点很快引起了学者们的重视，并被用到了语用学的研究中。值得注意的是，在这篇文章中，Grice引入意图是为了解释意义，而非解释交际。因此，Grice的观点可能并非完全适用于解释交际，而需要进行一定的改造。

我们认为，在讨论意图在交际中的作用之前，有必要先回到原点，看一看Grice是如何进行论述意图和意义的关系的。接着，我们会讨论用以解释意义的Grice理论应当如何用于解释交际。最后，在认知语用学的视角下，我们会分析Grice理论存在的一些不足，并尝试给出我们的解决方案。

3.2.1 Grice论意义和意图

在英语中，动词"mean"有如下的两种用法："x means p"和"A means p by x"，而"mean"的结果就是产生了名词性的"meaning"，即意义。动词mean和名词meaning存在派生关系。在汉语中，并没有与名词"意义"有这种派生关系的动词，但是会有类似的表达。我们会说"某事物x表示p"，以及"某人A通过某事物x表示p"。也有一些国内学者将第二种"mean"翻译成"意谓"的，即"某人A通过某事物x意谓p"。Grice（1957）首先区分了自然意义（natural meaning）和非自然意义（non-natural meaning）。类似"这些红点意味着麻疹（Those spots mean measles）"这样的句子表示的是自然意义，因为红点和麻疹之间的联系是自然的，红点是麻疹的自然病理反应。而在巴士上按三下铃表示"我要下车"，则是一种非自然意义，因为按三下铃和下车之间没有天然的联系，而是人为将两者联系起来的。这样，Grice又定义了谓词"mean"的两种形式，自然表示/自然意谓"meanN"和非自然表示/非自然意谓"meanNN"。Grice在《Meaning》这篇文章中想要解释的是，非自然意义是如何产生的。

Grice提出，乍看之下，我们可能会得出这样的两个结论：如果一个话语x的说话人意图通过它来引发某个听话人的一种信念p，那么就可以说"话语x非自然表示了某事物（x meantNN something）"；以及，这个信念p就是x所非自然表示的事物。Grice指出，这种结论是有问题的。他举了一个例子来说明：A可以为了使警探B相信C是凶手，而将C的手帕放在谋杀案的现场。虽然这个例子满足"A意图通过手帕使警探B产生C是凶手的信念"的条件，但是，我们一般都不会认为在这个例子中A想要通过手帕来"表示"什么。因为在这个例子中，A并不想让警探知道是A意图通过这个行为使警探相信C是凶手。A只想让警探认为手帕是C自己遗落在现场的，从而使他认为C是凶手，而不想让警探发现是A故意放的手帕、故意使他认为C是凶手的。虽然A有通过某个行为和事物来使警探产生某种信念的意图，但是A不想让警探发现自己的这个意图——甚至最好都不知道A这个人的存在。在A的意图和设想中，在警探通过手帕产生C是凶手这一信念的过程中，是不会涉及对A的意图的识别和判断的。因此，Grice认为，要解释非自然表示和非自然意义，除了"说话人意图通过话语x来引发某个听话人的一种信念p"之外，我们必须至少加上一条：如果x要非自然表示什么东西，它不仅是要随着引起特定信念的意图被发出的，并且，它在被发出时，还必须被意图被用来使一个"听话人"来识别这个话语背后的意图。

基于这种想法，Grice提出，"A通过x非自然表示某个东西（A meantNN something by x）"就大致相当于"A意图通过话语x来对某个听话人产生某种效果，并且意图通过听话人对这个意图的识别来产生这种效果"，说话人的这种意图后来一般被称作"格莱斯意图（Gricean intention）"或"格莱斯交际意图"（Gricean communication intention）。

Sperber和Wilson（1986）在格莱斯意图的基础上更进一步，区分了信息意图（information intention）和交际意图（communication intention）。信息意图是指：说话人想要使一个假设集合I对听话人显映或更加显映的意图（to make manifest or more manifest to the audience a set of assumptions I）。而交际意图是指：说话人想要"说话人有该信息意图"这一点对听话人和说话人互有显映的意图（to make it mutually manifest to audience and communicator that the communicator has this informative intention）。

Grice的上述论述的原始目标是为了解释"意义"，但是"格莱斯意图"的提出使得包括心理学家和语用学家在内的研究者意识到了意图对于交际的重要性。接下来，我们将在格莱斯意图的基础上，分析意图在交际中所起到的作用。

3.2.2 意图在交际中的作用

哲学、心理学和语用学的主流观点将意图看作是一种先于行为的心智状态，认为意图引起行为，行动者会基于意图来选择能够实现意图的行为。这是哲学、心理学和语用学在意图研究方面的传统观点，也是哲学-认知语用学的一个基本立场。社会-互动语用学则对这种观点有一些不同的意见（如Verschueren，1999；Gibbs，1999，2001等）。不过，我们认为社会-互动语用学对这一基本立场的反驳缺乏说服力，关于这一点我们会在之后的小节中进行更详细地分析。在本节接下来的讨论中，我们将采取哲学-认知语用学的立场，将意图看作是先于行为的心智状态。

在生活中，一个主体A常常会想要让另一个主体B的心智发生某种自己所期望的改变。例如，A会想让B注意远处走过来的一个熟人，或是想让B知道今晚会有客人来。A也会想要让B采取某种行为，而要使B采取这种行为的前提，是B的心智状态产生某种改变，然后再基于心智状态的改变来实施行为。比如A想请B帮自己拿一杯水，而要让B实施这种行为的前提，是要使B至少产生拿杯子的意图。而为了使B产生这样的意图，A可以设法让B产生"A需要我帮她拿杯子"这样的信念。在这些情况下，A都希望使B的心智状态发生某种A所期望的改变p。而根据认知的特性，从客观上看，A无法直接改变B的心智状态，B也无法直接读取A的心智状态。要使B的心智状态发生改变，A需要实施行为x，并期待x和x可能产生一些物理效果e能使B的心智状态发生一些改变。当x和e被B所注意，以及B对x和e投入认知努力时，x和e就更可能使B的心智发生可被B所意识到的变化。因此，为了尽可能地提高使B产生p的成功率，在选择相应的行为时，A在条件、能力和意愿允许的范围内，一方面需要选择更有可能使B产生p的x或e，一方面也要尽量引导B对x或e投入注意和认知。

在上述的凶杀案的例子中，由于A不想让警探B意识到自己想要让他产生"C是凶手"的信念，因此，受限于A的意愿，A的行为并不会对B的注意和认知进行明显的引导。A让自己的行为或某个事物x出现在B能够感知的环境中，但是不让B认为这是A特意针对自己而做出的。B可能会感知到x，并通过对x的认知产生了某种信念的变化，而在这过程中，A不想让B认为是A想要让B产生这样的信念的。

与之相对的，A可以采用的另一种方法，有意地、公开地引导B对x进行注意和认知，向B明示自己希望通过x对B产生某种效果。第一种方法并不是交际的方法，而第二种方法则是交际的方法。与交际的方式比，非交际的方式在效率上存在两个问题。首先，在A采用非交际方式的情况下，B有更少的动机和更少的可能性去对x进行注意和认知。如果B没有对x进行足够的注意和认知，那么B就产生A所期望的心智变化的可能性就大大降低了。在凶杀案的例子中，由于A没有公开地引导B对手帕的注意，一个迟钝的警探B可能根本没有发现手帕，或者即使看到了手帕，也并不将它当作一件重要的证物，而只是看一眼就过去了。在这些情况下，B都无法产生"C是凶手"的信念。其次，在A采用非交际方式的情况下，B有更少的动机和更少的可能性去判断自己对x的认知是否符合A的意图。这里又可以区分出两种情况。第一种情况是B并不认为x与A有关。例如在凶杀案的例子中，如果B在看到手帕时，不认为A与这块手帕有关，那么B在对手帕进行认知时，就不太可能去考虑A的意图。那么，即使B产生了"这块手帕是死者的"这样的信念，他也可能就会止步于此，而不会去判断这样的信念是否符合A的意图。第二种情况是，B认为x与A有关，常见的情形是x是A所实施的行为或行为所产生的效果。根据神经心理学的证据，主体在阅读他人的行为时，会自动、快速地判断行为背后的意图。在这种情况下，B虽然会判断A行为背后的意图，但是由于B并不认为A意图通过该行为来使自己产生某种效果，那么B可能止步于对A的意图的初始判断，但有更少的动机和更少的可能性去进行进一步解读。

为了更好地表现这两种方法区别，我们可以通过下面这组例子来进行分析。

儿子的头发有些过长了。此时：

（1）妈妈想要让儿子去剪头发，但是她又不想让儿子发现是她想让他剪头发，因为儿子可能会因为逆反心理而抵触妈妈的要求。于是，妈妈显得非常自然地坐到儿子身边，把一面小镜子放到两人前面的茶几上，假装在照着镜子整理头发，但其实想让儿子看到镜子里面的自己，从而产生去理发的想法。

（2）妈妈想要让儿子去剪头发，而且她想要儿子知道自己想让她这么做。于是，她拿出一面小镜子放到两人前面的茶几上，然后指了指镜子，让儿子看镜子里的自己。

（3）妈妈没有觉得儿子需要理发。她只是恰好坐在儿子边上，把小镜子放在两人身前的茶几上。她只是在自己照镜子而已。

在（1）中，妈妈采用的是非交际的方法，而在（2）中，妈妈采用的是交际的方法。两种方法都是可能实现妈妈的目的。但是，比起（2），（1）中妈妈实现目的的可能性就会低一些。在（1）中，儿子可能根本没有看镜子，或者只是瞄了一眼，却没有进行进一步的注意。而即使儿子注意到了镜子中的自己，他可能会觉得"镜子里的我真帅"，却并没有产生"我需要去理发了"的信念，并且他也未必会有动机去进行进一步的认知。在这些情况下，妈妈的目的就无法实现。相比之下，在（2）中，妈妈通过指镜子的动作，明确向儿子表示了她有想让他产生某种信念的意图。在儿子识别出这种意图的情况下，儿子更可能去对镜子里的自己进行注意和认知。并且，由于儿子认为妈妈有使他产生某种信念的意图，因此他更可能会判断自己产生的信念是否符合妈妈的意图。这样，当他首先产生了"镜子里的我真帅"这样的最初想法后，会判断这是否是妈妈想要表达的意思，从而更可能去进行进一步的解读。

我们在这里一直强调的是"可能性"。在（1）中，可能会出现上述提到的失败情况，也当然会出现成功的情况。儿子可能真的就看到了自己的头发，然后想到要去剪发了，同时他也没有觉得是妈妈设计让他产生这种想法的。另一方面，尽管妈妈试图隐藏自己的意图，儿子也依然可能会怀疑妈妈的行为是有针对自己的意图的，从而在看镜子的时候想着妈妈是不是在耍什么诡计，并考虑妈妈的意图。在（2）中，儿子也可能认为妈妈有格莱斯意图，但是并不是针对自己的。例如，他可能觉得妈妈指镜子的动作是针对坐在另一边的爸爸的，就没有进行进一步的注意。而即使他认为妈妈有针对自己的意图，从而进行认知并判断自己的认知是否符合妈妈的意图，他也依然可能会产生不符合妈妈预期的想法，如他先觉得自己真帅，然后觉得这不是妈妈想要表达的意思，于是进一步观察看到自己的嘴角有脏东西，从而判断妈妈的意图是想让他擦掉脏东西。也就是说，在（1）和（2）中，儿子都有可能最终产生"我该去理发了"的信念，也都有可能不会产生该信念。但是，我们认为，在（2）中，儿子觉得自己需要理发了的可能性是要比（1）中更高的，因为在（2）中，通过妈妈表达格莱斯意图和儿子识别格莱斯意图，儿子更可能对妈妈的行为进行注意和付出认知努力，也更可能以自己对妈妈意图的判断为标准来判断自己的认知是否合适。

此外，我们还可以看到，尽管妈妈在行动时会希望或不希望儿子识别出自己的意图，儿子也都可能认为或可能不会认为妈妈有格莱斯意图。当然，在妈妈表现出格莱斯意图时，儿子更可能认为她有格莱斯意图。而即使妈妈没有任何针对儿子的意图，儿子也依然可能认为妈妈会有格莱斯意图。比如，在（3）中，尽管妈妈只是自顾自地在照镜子，儿子也可能会以为妈妈是故意让他看到镜子里的自己，并通过这种间接的方法来提醒他应该理发了。当然，儿子也可能只认为妈妈只是在照镜子而已，并不会产生其他的想法。

可以看到，行动者和接收者都会有两种可能的情况。行动者可能根据格莱斯意图来行动，并希望接收者能识别自己的意图。行动者也可能希望在隐藏自己意图的情况下实现效果。而对于接收者来说，接收者可能会认为行动者有格莱斯意图，并根据对行动者意图的判断来判断自己的认知是否恰当，或者接收者也可能不认为行动者有格莱斯意图，从而以其他标准来判断自己的认知是否恰当。在行动者根据格莱斯意图行动并希望接收者能识别自己的意图、且接收者也判断行动者有格莱斯意图并根据对行动者意图的判断来进行认知时，接收者产生行动者所期待的信念的可能性最高，信息的传递也就最有效率。

换言之，对于行动者A来说，采用交际的方法更能提高接受者B对x进行认知投入的可能性，另一方面也能够使B更可能以对A的意图的判断来判断解读是否合适，从而提高B所产生的信念是A所期待其产生的信念可能性。而对于接收者B来说，如果B识别行动者A有格莱斯意图，那么在B意愿和能力允许的范围内，B也会对x进行更多的认知投入，并且根据B对A的意图判断来判断自己的认知是否合适。这样，A采取交际的方式要比非交际的方式更有可能使B产生A所想要的信念，也就是说，更有效率。

那么，相对更有效率的交际方式和相对不那么有效率的非交际方式相比，差别在哪里呢？在于格莱斯意图。不过，我们会发现，不论是交际的方式还是非交际的方式，"A试图通过x使B产生某种效果"这一部分是一致的，不同的地方在于"A意图通过听话人对这个意图的识别来产生这种效果"。Sperber和Wilson（1986）在格莱斯意图的基础上更进一步，区分了信息意图（information intention）和交际意图（communication intention）。信息意图是指：说话人想要使一个假设集合I对听话人显映或更加显映的意图（to make manifest or more manifest to the audience a set of assumptions I）。而交际意图是指：说话人想要"说话人有该信息意图"这一点对听话人和说话人互有显映的意图（to make it mutually manifest to audience and communicator that the communicator has this informative intention）。我们可以发现，在A分别通过交际方式和非交际方式来对B产生某种效果时，区别在于在交际方式中，A有交际意图；而B分别以交际方式和非交际方式来进行理解时，其区别也在于B认为A有交际意图，并会在判断A有交际意图的情况下，更加投入注意和认知，并以对A的意图的判断为标准来判断自己的认知是否恰当。

我们将交际看作一种人类已经进化出来的信息交换的方式。从婴儿阶段开始，主体就开始从其他成熟的主体上学习交际，建立对交际的理解，学会交际的机制。一般人从儿童时期开始就已经是熟练的交际者了。正因为交际在人类群体中是一个已经存在的"东西"，因此，主体从个体发展的早期开始，就能持续地获得很好的范例和练习。主体能顺利地建立对交际的理解，并顺利地学会交际和熟练地使用和配合交际。我们认为，交际机制的核心在于交际意图。行动者在个体发展的过程中学会了在明示交际意图的情况下，更有可能引导目标对象的注意和认知，并使目标对象以自己的意图为标准来判断解读是否恰当。接受者在判断行动者有交际意图的情况下，就会判断对方想要通过行为实现某种效果，从而更可能会投入注意和认知，并以对行动者意图的判断为标准来判断自己的认知是否恰当。

人类之所以会进化出交际机制，是为了进行最高效率的信息交换（Grice，1975）。在上面的论述中我们已经展现了，和非交际的方法相比，交际的机制是如何提高信息交换的效率的。但是，我们要指出的一点是，交际的机制并不能保证信息交换的成功。这是由人的认知特性决定的：两个主体之间的认知总是可能存在差异，且主体无法直接向另一个主体传递自己的心智状态或读取另一个主体的心智状态。因此，在认知的这种特性的基础上，不可能存在一种机制能总是百分之百地确保信息交换的成功，而只能提高信息交换的效率和成功率。

3.2.3 Grice理论在语用学中的进一步发展

在格莱斯意图被提出后，包括Grice本人在内的学者们将这种以意图为中心的观点在语用学中做了进一步发展。

我们已经展现了，听话人在识别了说话人的交际意图后，会以听话人对说话人意图的判断来判断解读是否恰当。那么，是否还能对这种判断的机制进行更详细的描述呢？就这个问题，Grice（1975）提出了合作原则及其准则。

首先，Grice（1975）认为话语有规约意义。有时，人们"说"一个话语，意谓的就是话语的规约意义。有时，说话人通过话语所意谓的并非话语的规约意义，而是别的意义，Grice称之为含意（implicature）。含意分为规约含意和非规约含意。一些话语中，字面意义本身就决定了规约含意。在另一些话语中，含意是非规约性的，Grice称之为非规约含意，或会话含意。Grice想要解释，会话含意是如何产生的。我们将会话含意的问题转换成交际的问题，就是要解释，听话人在对话语产生某种初始的解读后，是如何判断是否需要进一步解读、以及如何解读的。我们已经提出过，听话人是以对说话人意图的判断为标准来进行判断和解读的。那么，这个过程还有没有具体的机制呢？

Grice（1975）指出，在交际中，每个交际者都会期待其他交际参与者遵守这样的原则：在会话当前进行的阶段，根据会话所共同接受的目标或方向，做出你应作的贡献。这被称为合作原则（Cooperative Principle，CP）。合作原则下有四条准则（maxims）：量准则（Quantity maxim）、质准则（Quality maxim）、关系准则（Relation maxim）和方式准则（Manner maxim）。在四种情况下，一个交际者可能无法满足其中一条或几条准则：1.悄悄违反（violate），如故意欺骗误导；2.退出遵守（opt out），如直接表示"我不能说"；3.冲突（clash），两条准则起了冲突，遵守其中一条就无法遵守另一条；4.公然无视（flout），说话人明明能够遵守准则却故意不遵守准则。在公然无视的情况下，Grice称说话人在利用（exploit）准则，会产生会话含意。

那么，合作原则怎么和说话人的意图联系在一起呢？从说话人角度看，说话人希望自己的话语对听话人产生某种效果，而说话人是在遵守合作原则的情况下来采取行为的。说话人还期望听话人认为自己意图通过话语对听话人产生效果，并且是在遵守合作原则的情况下意图通过话语对听话人产生效果。另一方面，从听话人角度看，在听话人识别出说话人有交际意图后，听话人是期待说话人是基于对合作原则的遵守来发出话语并期待话语实现预期的效果的。这样，符合说话人期待的解读必定是使说话人遵守了合作原则的解读。换言之，"一个解读使说话人遵守合作原则"是"该解读是符合说话人期待的解读"的必要条件。如果一个解读使说话人遵守了合作原则，那么这个解读才有可能是符合说话人期待的解读。相反，如果一个解读使说话人公然无视了合作原则，那么这个解读就一定不是说话人所期待的解读，需要进一步的解读。因此，对于说话人来说，合作原则可以看作是根据对说话人意图的判断来进行解读的具体机制。交际双方根据合作原则进行交际，也就是以意图为中心在进行交际。

在合作原则被提出后，许多语用学者对其进行了讨论。许多讨论都是针对合作原则的准则的。一些学者认为，Grice所提出的准则及其划分缺乏充分的依据，几个准则之间互有重合甚至相互矛盾，并且不能涵盖全部的情形（Haberland & Mey，2002；Huang，2004；封宗信，2008）。不过Grice本人也并不认为自己的准则是完美的。他明确指出了自己对四准则的划分是借用了康德在哲学中对事物性质的分类的，并且承认在四准则之外肯定有其他的准则（Grice，1975）。基于对准则的批判，Horn（1984）提出了质量原则（Q-Principle）和量原则（R-Principle）的方案。而Sperber和Wilson（1986）则认为关联性对于交际来说是最为重要的，并提出了关联理论（Relevance Theory）。

Sperber和Wilson（1986）首先将交际看作一个"明示-推理"的过程。使一个想要显明某事的意图变得显明的行为称作"明示行为"或简称为"明示"。说话人通过展现交际意图来向听话人明示自己有某种信息意图，而听话人则对行动者的意图进行推理。在这个过程中，"关联性"起着核心作用。

关联理论中的"关联性"是一个专门的术语，Sperber和Wilson（1986）先把关联性界定为假设（assumption）与语境的关系。假设被定义为被个体当作现实世界表征的概念表征。如果一个假设带来的新信息在一个语境的旧信息中能产生以下效果，那么这个新信息在语境中就是有"语境效应"的：（1）新信息和旧信息互为语境蕴含；（2）新信息增强了旧信息；（3）新信息否定了旧信息；（4）新信息削弱了旧信息。"当，且仅当，一个假设在一种语境中具有语境效应时，它才在该语境中有关联。"另一方面，对信息的处理是需要耗费认知努力的。在这两个观点的基础上，Sperber和Wilson给出了关联性的两个程度条件：

程度条件1：如果一个假设在某语境中有很大的语境效应，那么它在该语境中就是有关联的。

程度条件2：如果一个假设在某语境中得到处理时所需的精力很小，那么它在该语境中就是有关联的。

Sperber和Wilson指出，在交际中，语境不是给定的，而是人们择定的。不是先有一个固定的语境，人们再根据语境去判断一种信息在这个语境中的关联性。相反，给定的是关联性。人们先假定正在处理的信息是有关联的，然后以关联性为标准，去选择一种能够使该信息的关联性最大化的语境。

Sperber和Wilson（1995）指出，关联理论中实际上有两条关联原则：认知原则和交际原则。交际关联原则对应于最佳关联性，认知关联原则对应于最大关联性。关联理论的认知原则是指："人类认知倾向于追求关联最大化"。根据关联性的两个程度条件，关联性是与语境效应和处理精力相关的，因此，认知原则可以解释为：人们倾向于以尽可能低的处理精力取得尽可能高的语境效应。认知原则是基本性的，因为交际本质上也是一种认知过程，因此也受此原则的约束。另一方面，最佳关联性是指，当说话人对听话人的每一个明示交际行动都传递一种假定：它本身具备最佳关联性。这包括：

（a）该明示性刺激信号具有足够的关联性，值得听话者花精力加以处理。

（b）该明示性刺激信号是发话者能力和意愿所允许的关联性最大的信号。

当听话人认为说话人话语在当前语境中关联性不足时，听话人就会转而寻求其他的语境来对话语进行理解，试图找到能使话语有最佳关联性的语境。

与合作原则一样，关联理论也受到了一些的批评。一些学者认为"关联性"的概念太过笼统，似乎无所不包，反而降低了关联理论的解释力（Levison，1997；Mey，2001）。也有一些学者认为，关联理论在解释交际的连贯性（Giora，1997）、社会规约性和礼貌性（何自然，冉勇平，1998）等问题方面存在缺陷。不过，不可否认的是，关联理论试图将交际的机制简化为一个统一的原则，这是一次伟大的尝试。

尽管合作原则和关联理论都存在一些问题，但它们都是对格莱斯关于意图中心的交际理论的发展。在此我们会发现一个问题。我们之前指出，在判断说话人有交际意图的情况下，听话人会以自己对说话人意图的判断为标准来判断自己的解读是否恰当。但是，合作原则和关联理论又指出，听话人是在发现自己的理解使听话人公然无视了合作原则或在当前语境中关联性不足时，才会转而进行进一步解读。那么，这两种机制的关系是怎么样的呢？

　　我们认为，合作原则或关联原则是听话人判断自己的解读是否符合说话人意图的一项指标。从说话人角度看，说话人希望自己的话语对听话人产生某种效果，而说话人是在遵守合作原则或关联原则的情况下来采取行为的。说话人还期望听话人认为自己意图通过话语对听话人产生效果，并且是在遵守合作原则或关联原则的情况下意图通过话语对听话人产生效果。从听话人角度看，在听话人识别出说话人有交际意图后，听话人是期待说话人是基于对合作原则的遵守来发出话语并期待话语实现预期的效果的。这样，符合说话人期待的解读必定是使说话人遵守了合作原则的解读。换言之，"一个解读使说话人遵守合作原则/关联原则"是"该解读是符合说话人期待的解读"的必要条件。如果一个解读使说话人遵守了合作原则/关联原则，那么这个解读才有可能是符合说话人期待的解读。相反，如果一个解读使说话人公然无视了合作原则或违反了关联原则，那么这个解读就一定不是说话人所期待的解读，需要进一步的解读。因此，合作原则或关联原则可以更快地帮助听话人判断自己的解读是否符合说话人意图。

　　通过上文的分析，我们展现了格莱斯意图的表达和识别是如何使信息交换的效率最大化的，这主要表现在听话人的注意和认知投入和对话语解读的判断上。正如Grice（1975）所指出的，交际之所以被进化出来，就是为了实现效率最大化的信息交换。虽然基于认知的基本特性，不存在一个机制能够百分之百地保证信息交换的成功，但是交际的机制相比非交际的方式更有效率。格莱斯意图，尤其是其中的交际意图，将交际方式和非交际方式区分了开来。这体现了格莱斯意图对于交际的重要性。另一方面，我们看到，在交际中，行动者根据格莱斯意图来行动，而接收者在识别对方交际意图的情况下，会根据对行动者意图的判断来解读行动。因此，在这个意义上，在被用于解释交际时，Grice理论被认为是以意图为中心的。

3.3 Grice理论存在的问题

在认知语用学的视角下，我们会发现Grice理论是存在一定问题的。我们将试图基于认知的特性和对几种视角的区分来提出我们对这些问题的修正方案，并讨论这些修正能更如何应用到对交际的解释中去。

3.3.1 说话人意义和听话人意义

正如我们在绪论中所指出的，在讨论交际时，需要区分主观视角和客观视角，以及说话人视角和听话人视角。但是，我们会发现，当Grice用意图来解释意义时，并没有对这两组视角进行严格的区分。

根据Grice的论述，"A通过x非自然意谓某个东西（A meantNN something by x）" 就大致相当于"A意图通过话语x来对某个听话人产生某种效果，并且意图通过听话人对这个意图的识别来产生这种效果"。这个结论看起来非常简洁。但是，如果我们进一步思考，就会发现问题。当Grice说"A通过x非自然意谓某个东西"时，他是站在客观视角上，还是站在A的主观视角上的，抑或是站在听话人B的主观视角上呢？站在不同的视角上，我们会对Grice的理论产生不同的理解。

首先，当我们站在说话人A的视角上时，我们可以说，A在主观上通过x非自然意谓某个东西，换言之，A在主观上意图通过话语x来对听话人B产生某种效果，并且在主观上意图通过B对这个意图的识别来产生这种效果。但是，A的话语能对B产生什么样的效果，这并不是A能够完全控制的。A能做的只有尽可能地提高产生A所希望的效果的可能性。当然，这并不妨碍A在主观上持有想要实现这种效果的意图。因此，我们认为，当A想要通过x来表达某个意义时，这个意义应当被看作A的说话人意义。说话人意义是A在主观上想要表达的意义，但是是否能在客观上产生这个意义，还需要通过双方的互动来实现。

同样，当我们站在听话人B的视角上，我们可以说，B主观上认为A通过x非自然意谓某个东西，换言之，B在主观上认为A意图通过话语x来对听话人B产生某种效果，并且B在主观上认为A意图通过B对这个意图的识别来产生这种效果。但是，正如我们之前所说的，B对A的意图的判断可能会与A的实际意图存在差异。因此，B所解读出的意义会与A的说话人意义存在差异。我们认为，当B通过x来解读出某个意义时，这个意义应当被看作听话人意义，听话人意义可能会与说话人意义存在差异。

当我们从说话人和听话人视角分别对Grice的论述进行了分析之后，我们会发现，当我们站在客观视角上的时候，Grice的论述会出现一个问题。如果A意图通过x表示p，但B却通过x解读出了q，那么我们站在客观视角上看的时候，x在这个会话中的意义应当是p还是q呢？对于这个问题，一种解答的方式是，站在客观视角上，我们能对听说双方的主观视角进行客观的分析，因此在这个会话中，对于说话人A来说，x的意义是p，而对于听话人B来说，x的意义是q。这更加说明了对于说话人意义和听话人意义进行区分的必要性。多位学者（Bach，2001；Saul，2002；Horn，2006）也都曾指出的，"说话人意图表达的含意"和"听话人推理所得的意义"不是一回事，不能混淆。

当我们将这种区分运用到对交际的解释中时，我们就需要区分说话人的实际意图和听话人对说话人意图的判断。前者是意图本身，而后者本质上是一种信念。A在发出话语时所抱有的意图应当被视作说话人意义，而这个意图是否能在客观上实现，还需要看双方的互动进行得如何。另一方面，听话人对说话人的意图的判断可能会与A的实际意图有差异，而这种差异会导致听话人对说话人话语的解读与说话人所预期的有差异。

3.3.2　意图的动态性和涌现性

我们也可以看到，Grice没有讨论意图和交际的动态性、涌现性。这一点也受到了社会-互动语用学派的批评（如Verschuren，1999；Gibbs，2001）。但是，我们不认为这就意味着用格莱斯意图来解释交际出错了。

我们首先来看一下意图的动态性和涌现性。一方面，在整个交际过程中，每个交际者的意图都可能会发生变化，或者产生新的意图。另一方面，在实现在先意图的过程中，主体也会在行动中产生行动中意图。因而，交际中主体的意图是不断变化和涌现的。但是，不论哪种情况，对于行动的发出者来说，意图都是先于行为的。而反过来从行动的感知者来说，从一个特定的行动可以判断出行动背后的意图。

Kesckes（2008）指出，意图不仅是个人的、预先设定的，也是涌现的、社会的。意图不仅可以是事先设定的，也可以是在交际过程中生成、改变的。在会话开始阶段，意图的个人、预先设定性质处于控制地位。而在会话进行阶段，意图的社会、涌现性质可能出现。但是，需要注意的是，两组性质是程度变化，并非对立两面。我们认为，意图是一种心理状态，本质上是具身的、私人性的，因此虽然意图有社会的、涌现的性质，但是这些性质本质上都是一种个人心理状态的变化。个人意图的改变，总是基于个人心智状态的改变的。而引起个人心智状态改变的原因有很多种，有些与外界事物无关，例如，我正在和妻子说话，突然想起衣服还没晾，产生了晾衣服的意图。有些原因则与外界事物有关，例如洗衣机洗完衣服响起了提示音，使我产生了晾衣服的意图。与外界有关的原因中，其中有些与他人相关，例如我看到对面的邻居在晾衣服，从而想到要去晾衣服。而与他人有关的原因中，有些与正在进行交际的对象有关，有些则与正在交际的对象无关。如果是妻子提醒我要去晾衣服，那么我产生晾衣服的意图就与正在与我交际的妻子有关，而如果只是因为我看到了邻居在晾衣服，那么即使妻子在和我说话，我产生晾衣服的意图也与正在与我交际的妻子无关。因此，可以看作是各种因素引起意图改变，但是需要注意这些因素必须是通过个人心智状态的改变才能对意图起作用的。根据各种因素的不同，可以对意图进行不同的分类。根据这些因素产生影响的时间不同，可以分为预先设定的和过程中涌现的。根据因素是否与他人有关，可以分为个人的和社会的。说交际中的有些意图是"双方共建的"，这在某种意义上是说得通的，因为这些意图的产生同时涉及了主体自己和交际对象的因素。但是，我们的立场是，除主体之外的因素要对主体的包括意图在内的心智状态产生影响，都需要通过主体的主观认知，因此，所有的意图都归根结底是主体自己产生的，是私人性的。

交际中，每个交际者的意图随时可能变化，也随时可能产生新的意图，可能和正在进行的会话内容相关，也可能完全不相关，只要交际者自己认为合适，就可以基于新的意图采取行动。比如我正在和妻子聊朋友的生日礼物应该送什么，这时我突然想起要晾衣服，我意图告诉妻子这一点，于是就可以基于这个意图说："我得去晾衣服了。"虽然这句话与原本正在进行的对话没有关系，但是只要我认为合适，就可以基于这个意图来实施交际行为。意图改变的时间，可能行动还没开始，或行动进行到一半，或行动已经完成了。例如，我本来想说可以送朋友一瓶红酒，但是话还没说出口，就想到他可能更喜欢书，于是转而说："要不然送本书怎么样？"或者，我话说到一半，可能突然想到要去晾衣服，于是说出了这样的话："要不然……啊，我得去晾衣服了。"如果是在行动进行到一半时改变意图，可能会改变行动，也可能会继续完成当前的行动，在后者的情况下，改变后的意图就是一个暂时没有付诸行动的意图，而且其中也产生了一个"要将这个行动进行完"的意图。

另一方面，交际中，每个交际者对对方意图的判断也随时可能变化，对某个话语的理解也随时可能变化。发生变化的可能是对刚刚的话语的理解，也可能是对之前说过的话语的理解。例如，我和妻子都认识两个叫"老李"的人，一个是我的高中同学，一个是她的同事。如果我对妻子说："我昨天见到老李了。"妻子一开始认为我意图指称她的同事，但如果我马上接上一句："他说他前阵子回学校去看望了一下老师。"那么妻子的理解就会马上发生变化。另一种可能性是，在我说了一些关于老李的事情之后，妻子一直以为我在说她的同事，而后来我说："他说他前阵子回学校去看望了一下老师。"她才会反应过来我在指称的是那个同学老李。此外，与意图的变化一样，造成这种解读变化的原因可能是与正在进行的交际有关的，也可能是与正在进行的交际无关的。

我们认为，Grice理论解释的是交际中的一个相对静态的阶段，而一个动态的交际是可以按照说话人意图切分成几个相对静态的阶段的。对于每个阶段而言，Grice意图都是适用的。在切分出来的每个阶段中，都是一个说话人基于一个意图来生成话语，而听话人以对说话人意图的判断为标准来解读话语。如果说话人意图变化，并基于变化了的意图产生了新的话语，那么就可以看作另一个阶段。此外，说话人和听话人角色发生转换也同样看作另一个阶段。我们可以用下面这个例子来更好地说明这一点：

A：（1）我刚才回来的时候看到……（2）你在吃什么东西这么香？

B：（3）辣条。（4）我正好还想再去买点，你要一起去吗？

A：（5）好啊，走！

在这个会话刚开始时，A想要告诉B自己刚才看到的一件事，由此A生成了话语（1），这是第一个阶段。但是，话说到一半，A的意图改变，转而想问B在吃什么，并发出了话语（2），这是第二个阶段。在A发问之后，B解读了A的话语，并产生了意图进行回答，此时说话人和听话人的角色发生转换。B通过（3）为A提供了关于自己正在吃东西的信息，这是第三个阶段。随后，B产生了新的意图，想要提议A和自己一起去买辣条，并基于这个意图发出了话语（4），这是第四个阶段。此时，说话人和听话人角色再次发生转换，A产生了和B一起去买辣条的意图，并意图让B知道自己有这样的意图，由此A发出了话语（5）。

可以看到，在这个过程中，存在意图的改变和涌现，是一个动态的交际过程。但是，当我们将这个动态过程切分成几个相对静态的阶段时，我们会发现在每个阶段里，话语的发出和解读都是可以用格莱斯意图来进行解释的。

3.4　社会–互动语用学

近年来，一些学者对意图在交际中的中心地位提出了质疑。这些学者强调意图、意义和交际的动态性。他们质疑将意义视作先于行为的、确定性的、私人性的心智状态的这种传统观点，而倾向于认为，至少在某些情况下，意图是主体与其他主体或环境进行互动而产生的涌现性产物，以一种分布式的形式存在于各个相关主体之间，是可以在行为之后生成的（Gibbs，1999，2001；Verschuren，1999；Edward，2008；Haugh，2008）。同时，他们认为意图常常是模糊的，对于交际中意义的产生也往往不起到决定性的作用（Gibbs，2001）。意图可能在广义上的"指向性"上有作用，但是交际并不总是依赖于说话人的意图的（Verschuren，1999）。这种语用学理论被称为"社会-互动语用学"（Haugh，2008）。

我们在上文中指出，认知-哲学语用学将意图看作是交际的中心，主要体现在以下三个方面上。第一，交际意图的表达与识别将交际与其他的信息交换方式区别开来，并使得信息交换更有效率。第二，说话人根据自身的意图，在能力和意愿允许的范围内来选择恰当的话语。第三，听话人对话语会进行解读，并有可能判断解读是否恰当，而判断的标准是听话人对说话人意图的判断。因此，如果要反驳意图中心论，就必须从这三个方面否定意图对于交际的作用，并给出其他更有说服力的方案：是什么使交际有别于其他的信息交换方式，说话人是根据什么来选择话语的，而听话人又是根据什么来判断自己的解读是否恰当的。接下来，我们将介绍社会-互动语用学的一些主要观点，然后分析这些观点是否能对认知-哲学语用学的意图中心论构成反驳。

3.4.1　说话人意义和听话人意义可能不同

首先，一些社会-互动语用学学者指出，说话人所意图表达的意义和听话人所实际解读出的意义会有所不同。例如，Haugh（2008）分析了Hilali在澳大利亚进行演讲时的意图和澳大利亚公众所做的推理，指出因为潜在的社会文化预设和翻译常规存在不同，会出现不同的、分化的理解。再比如，Verschuren（1999）所举的下述例子：

（语境：1981 年，加利福尼亚州，伯克利，咖啡店）

（刚进来的）顾客问女招待：这里是非吸烟区吗？

女招待：你可以把它用作非吸烟区。

顾客（一边坐下）：谢谢。

在这个例子中，顾客最初只是纯粹想确认这里是不是非吸烟区，但是女招待却认为顾客提出了请求，即顾客请求女招待将自己安排到一个非吸烟区。顾客说话时的意图和女招待所解读的意图存在不同，从而产生了不同的意义。

除此之外，还会存在这样的情况：尽管说话人的意图被听话人准确地解读出来了，但是，话语还对听话人产生了其他的效果。例如，Verschuren（1999）举了一个飞机上的例子。在一架从布鲁塞尔到法兰克福的飞机上，旅客登机后，航班却因为天气原因延迟起飞了。过了一段时间，飞机终于被允许起飞，于是德国飞行员用英语向乘客广播通知了这一消息，并说："我们一旦到了空中，我们就会尽可能快地飞行了。"尽管飞行员是以非常职业和严肃的方式说出这句话的，但是许多乘客却被这句话逗笑了。飞行员说这句话的意图显然是想要向乘客保证，他们会尽最大努力来弥补因延迟起飞而失去的时间。对于乘客们来说，飞行员的这部分意图也是非常明确的。但是，一些乘客在听到这句话时，脑海中可能就立刻浮现出了飞行员在空中奋力奔跑的这幅有些滑稽的画面。飞行员并不意图使乘客产生这种滑稽的联想，但是由于他的英语水平问题，他的表述使乘客产生了他意图之外的效果。我们生活中也不乏这样的例子。例如，笔者和太太有一次问及一位朋友的女儿的名字，朋友回答说女儿小名叫"丸子"。听到这话，笔者和太太相视一笑，因为我们家里的宠物狗也叫做"丸子"，我们因为这巧合而觉得有趣。尽管朋友的意图是要向我们介绍自己女儿的小名，并且我们也很明白这一点，但是她的话语却产生了意图之外的效果。

社会-互动语用学学者认为，上述这样的例子表明，交际中的意义并非完全是由说话人的意图所决定的。但是，我们认为，这种观点并不成立。首先说话人发出话语时的意图和听话人实际所解读的意图出现不同，是交际的正常现象，这是由认知的特性所决定的：人和人之间的认知总是可能存在差异，并且无法直接传递或读取心智状态。不论意图在交际中的作用如何，

Haugh和Verschuren所提出的现象都是会发生的，因而用这些例子来反驳交际的意图中心论是不恰当的。我们在上文中也指出了，Grice的理论最初是用来解释意义的，而不是用来解释交际的。在将其应用于分析交际时，需要一定的改造，其中就包括要对主客观视角和听说双方的视角进行区分。当我们将这种区分运用到对交际的解释中时，我们就需要区分说话人的实际意图和听话人对说话人意图的判断。前者是意图本身，而后者本质上是一种信念。A在发出话语时所抱有的意图应当被视作说话人意图，而这个意图是否能在客观上实现，还需要看双方的互动进行得如何。另一方面，听话人对说话人的意图的判断可能会与A的实际意图有差异，而这种差异会导致听话人对说话人话语的解读与说话人所预期的有差异。这种差异的出现无法否定听话人是根据对说话人意图的判断来判断自己的解读是否恰当的。在咖啡厅的例子中，女招待认为"顾客请求女招待将自己安排到一个非吸烟区"是顾客的意图，并认为这个解读是恰当的，从而基于这个解读进行了接下来的交际，这是可以在意图中心论的框架下得到解释的。

同样，飞机的例子也可以在意图中心论下得到解释。需要明确的一点是，当听话人听到话语时，一些解读是被自动、快速地激活的。飞行员的话语使乘客在脑海中形成滑稽的画面，这一过程很大程度上是自动的、难以控制的。一个交际理论需要解释的是，在出现这种情况的基础时，听话人会如何判断自己的解读是否恰当。如果没有这一层判断机制，那么对话语的解读就会变成随机、任意的，也就与非交际的方式下的解读无异。意图中心论认为，听话人判断的标准是解读是否符合说话人的意图。显然被逗笑的大部分乘客都会判断逗笑自己并不是机长的意图，从而不会在基于被逗笑的解读的基础上再进一步推测出例如"机长是在提醒自己板着脸不好看"这样的进一步的解读。当然也可能有一小部分人认为机长就是意图逗大家发笑，而在这种情况下，如果这些人认为这是机长的意图，那么他们也不会再做进一步的解读了。所以，这种"冒出来的效果"在交际中是会正常出现的现象。意图中心论认为，听话人会根据对说话人意图的认识来判断"冒出来的效果"是否是合适的解读，以及是否要在这种"冒出来的效果"上作进一步解读。而社会-互动语用学派却恰恰没能解释在这种情况下听话人是如何判断自己的解读是否是恰当的。

可以看到，社会-互动语用学派所指出的"听话人实际意图和说话人解读有差异"这个问题能够在意图中心论的框架下得到解释，而社会-互动语用学派却没能在"听话人是根据什么来判断自己的解读是否恰当"的这个问题上给出令人满意的替代方案。因此，我们认为，在这个问题上，社会-互动语用学派的观点并不构成对意图中心论的反驳。

3.4.2　说话人意图对于意义的决定性

社会-互动语用学派对意图中心论进行质疑的第二种观点是，在有些情况下，说话人意图对于交际的意义并不具有决定性。在一些情况下，说话人发出话语时，意图是模糊的。Clark（1997）指出，说话人有时故意向听话人提供一种可以进行不同解读的话语，等听话人做出选择。这也就相当于是让听话人帮助说话人决定他所要表达的意义，而非由说话人的意图决定意义。在另一些情况下，一个听话人在呈现一个话语时，可能在脑海中有一个意图，但是当听话人解读出了不同的意图并给予说话人反馈之后，说话人就会改变自己最初的想法并接受这种听话人的解读。上述的Verschuren（1999）所提出的咖啡店的例子也包含了这样的情况。尽管顾客最初的意图只是想知道这片区域是否是非吸烟区，但是女招待将顾客的意图理解为一种希望将自己安排到非吸烟区的请求，并基于这种理解给出了反馈。顾客通过女招待的话语"你可以把它用作非吸烟区"能够意识到服务员误解了自己的意图，但是顾客改变了自己的想法并接受了这种解读。Gibbs（2001）也举了一个类似的例子：

（在酒吧里，John不小心打翻了杯子）

John：不知道吧台后面有没有毛巾啊。

Nicole（走到吧台后拿了一条毛巾）：给你。

John：噢，谢谢！我刚才其实也没想着要问你帮我拿毛巾来着，我只是在想酒保会不会有毛巾，然后把心里想的说出来了。不过谢谢你！

　　这个例子能够更明显地体现出说话人John是如何改变自身想法的，John自己将自己的心理转变过程说出来了。Gibbs（2001）认为，类似的例子表明，至少在有些情况下，意图是说话人实施行动之后，在互动中涌现的。而意图中心论的基础，是将意图看作是一种先于行为的心智状态。因此，当意图是在事后涌现的情况下，意图中心论就不再适用，也就不能说说话人的意图对意义有决定性的作用。

　　我们认为，这种观点也同样站不住脚。首先，这种观点和第一种观点一样，也同样没有区分说话人意义和听话人意义、意图和对意图的表征这两组概念。在意图中心论中，说话人先于行动的意图决定了说话人说话时的说话人意义，而听话人则会对说话人的意图进行表征，产生听话人意义。说话人的意图会影响听话人意义，但是并不是决定性的，因为说话人无法直接改变听话人的心智状态，也就无法直接影响听话人对话语意义的理解。因此，即使在意图中心论中，说话人的意图对于听话人意义也并不起决定性的作用。归根结底，这还是人的认知特性所导致的，交际机制本身并不能百分之百地保证信息交换的成功。因此，Gibbs在这里所指出的其实是交际中的正常现象，不论交际的机制如何、意图的本质如何，这些现象都是会在交际中发生的，无法用来对意图中心论进行反驳。此外，这种观点也没有区分引起说话人行为的意图本身和说话人对自己意图的表征。上文中，我们提到，从神经心理学的角度来看，意图实际上包含了将目标转化为行动的过程中多个不同的信息处理的程序，而这些过程都是先于肌肉的运动的，也就是说，是意图引起了行为。而在行动完成后，主体依然能对这个已经完成的行动的当时的意图进行后期的表征，而这个后期的表征会受到来自互动的反馈信息和其他信息的影响。但是，这个后期的表征是在行动之后才产生的，并不会对行动产生影响。因此，主体在行动时，仍是基于行动当时的意图来实施行为的。

　　至于Clark（1997）所提出的观点（说话人有时故意向听话人提供一种可以进行不同解读的话语），我们认为，这反映的是意图的一些较复杂的形式。在一些情况下，我们在面临选择时，会不确定要怎么做，因而想等对方先行动，再根据对方的行动再选择怎么做，而这也是一种意图，我们的行为也是基于这样的意图所实施的。这又可以有几种不同情况。第一种，让对方知道自己想让对方来选择怎么做，自己再选择怎么做。在与另一个人迎面相互接近时，要选择是向右避让还是向左避让。这时往往会出现我向自己的左而对方向他的右，又要撞到，而后我向自己的右对方又向他的左，这样的情况。此时我会停下来，站定，表现出想让对方先选方向，这时如果对方向他的左，那我就也向我的左。第二种，先让对方认为自己意图采取做法A，然后根据对方的反应来选择，在对方表现出同意顺着说话人的意图来选择对方的行为时，则确实实现该意图完成做法A；如果对方表现出不愿意顺着说话人的意图，那么就可以选择不实现该意图，进而可能转而选择做法B。比如，妻子拿着一件黑衣服和一件灰衣服问我："等下去吃饭穿哪件衣服好？"我也不确定要选哪一件，于是我就先说："感觉灰色的和鞋子比较搭……"假装先让妻子以为我意图选择灰衣服。这时如果妻子说："我也这么觉得。"那么我就继续顺着她说："那就选灰色的吧。"而如果妻子说："我总觉得这件灰的有点老气。"那我就可能会说："不过黑色的更显得精神，还是黑色的好。"需要指出的是，虽然在这些情形下，主体对选A还是选B的意图并不确定，但是，主体对"让对方知道自己想让对方先选"和"先假装让对方知道自己选了其中一个"的意图是确定的。因此主体仍是基于一个确定的意图来实施行为的。

以上说的是说话人意图。而听话人对说话人意图进行表征时，也可以表征出这些复杂形式的意图，从而基于对这些意图的表征来判断自己的解读是否恰当。比如，如果以上我的发言出现在最初几次我帮妻子选衣服的时候，妻子可能会判断我第一句话的意图就是选灰色。但是，在同样的事情发生了几次之后，妻子就可能会发现其实我也并不确定，而是意图想假装做了选择，而实际上是想妻子自己选。我们需要再次重申，听话人对说话人意图的表征是主观的，可能会与说话人的实际意图不同，但只要听话人认为自己对说话人意图的理解是足够恰当的，听话人就可以基于这个理解来进行下一步的认知和行动。

我们想要明确的另一点是，交际的意图中心论并不否认交际参与者的意图在交际的过程中是会发生变化，这一点我们已经在上文中有关意图和交际的动态性的讨论中分析过。交际者根据变化的意图采取行动，而这种动态的交际过程根据交际者的每个阶段意图可以切分成几个相对静态的阶段，每个阶段都是符合意图中心论的。因此，上述的两个例子以传统的意图先于行为的观点是能够解释的。在咖啡店的例子中，顾客"想要知道这里是不是非吸烟区"的意图先于她的话语，并基于这个意图产生了"这里是非吸烟区吗？"这个话语。而当顾客得到女招待的反馈发现服务员对自己的意图有了不同的理解后，顾客的意图也发生了变化，变成"接受女招待的好意"，并基于这个意图采取了接下来的行为。而Verschuren和Gibbs所举的这些例子无法否定说话人是基于意图来发出话语的。Gibbs也没能够解释，在他的例子中，如果说话人不是基于自身的某个意图来发出话语的，那么他是基于什么来发出话语的。因此，我们认为，社会-互动语用学派这种观点也是不成立的。

可以看到，社会-互动语用学派在这方面所提出的问题是可以在意图中心论的框架下得到合理的解释的，但是，社会-互动语用学派却无法解释意图中心论能够解释的问题：是什么使交际有别于其他的信息交换方式，说话人是根据什么来选择话语的，而听话人又是根据什么来判断自己的解读是否恰当的。因此，我们认为，社会-互动语用学派的观点无法对交际的意图中心论形成有力的反驳。相比社会-互动语用学派的观点，经过修正的意图中心论能够更好地解释交际中的一些现象，因此我们支持意图中心论的观点。

3.5　本章小结

基于哲学、心理学和神经心理学领域有关意图的研究，我们认为，意图是一种独立的心智状态，在心智和行动之间起着中介联系的作用，主体会根据意图实施行为。意图有不同的表现形式，而不论哪种形式的意图都是先于行为的。意图涵盖了将愿望和目标转换成行动的信息处理链中的几个不同的程序。其中，能被主体觉知到的"有意识的意图"是这个处理链中的一个部分，而这个过程中有相当一部分在行动时是不被主体所意识到的。主体能够对他人的意图进行判断，这种判断本质上是一种信念表征，且可能和他人的实际意图有差异，我们需要区分对意图的表征和意图本身。主体会将他人的交际性意图和其他意图区分开来，并会将他人的交际性意图作为一种特殊的意图来进行判断。Grice（1957）对意义的讨论使意图引入了语用学的交际研究，并在之后的不断发展中形成了认知-哲学语用学派。认知-哲学语用学认为意图在交际中有着中心地位。以言语交际为例，在言语交际中，说话人不仅想要自己的话语对听话人产生某种效果，并且希望听话人能识别自己的上述意图。Sperber和Wilson（1984）区分了交际中的信息意图和交际意图。其中，交际意图是将信息交换的交际方法与非交际方法区分了开来。通过交际意图的表达和识别，交际的方式比非交际的方式更有效率，因为这种方法更能使听话人对话语进行注意和认知投入，并且更可能使听话人根据对说话人意图的判断为标准来判断自己的解读是否准确。在将意图中心论用于解释交际的各种现象时，我们还需注意区分主客观视角和听说视角。根据不同的视角，我们可以区分出说话人意义和听话人意义、引起行为的意图本身和对意图的表征。基于认知本身的特性，每组的两个因素之间总是可能存在差异的。这也决定了交际机制本身只是尽可能地提高信息交换的成功率，却不能百分之百地保证交际的成功。另一方面，我们也需注意到，意图具有动态性，而Grice的理论解释的是交际中相对静态的状态，我们在分析交际时需要根据变化的意图对交际进行切分，再用Grice的理论来解释每个相对静态的阶段。尽管社会-互动语用学派对意图中心论提出了一些反对意见，但是，根据我们的分析，我们认为，他们的反驳无法成立。社会-互动语用学派所提出的问题都能在修正后的意图中心论的框架下得到解释，而社会-互动语用学派却无法解释意图中心论能够解释的问题：在动态的交际中，是什么使交际有别于其他的信息交换方式，说话人是根据什么来选择话语的，而听话人又是根据什么来判断自己的解读是否恰当的。

第4章　语言

　　人们对语言的使用可分为交际性的和非交际性的。说话人对语言的交际性使用和非交际性使用的区别主要在于说话人是否是抱着交际意图来发出话语的。我们会在下一章中对交际意图进行更具体的分析。语言的非交际性使用的形式有：思考、记忆、学习、记录、玩耍、为了取乐而唱歌、在心理语言学实验中使用，等等（Németh，2008）。在日常生活中，特别是在社会互动中，人们对语言的使用常常是交际性的。

　　在交际中，我们将语言看作一种行为，这种行为的主要作用在于改变他人的心智状态。我们在上文指出，主体无法直接改变他人的心智状态，但是可以使物理环境发生某种特定的改变，并期待目标对象对这种改变进行认知，从而发生心智状态的变化。在言语交际中，说话人想要实现某种效果，而这种效果的实现需要以听话人的心智状态发生某种改变为前提。说话人通过发出话语，使得声音出现在物理环境中。当听话人对声音进行认知时，心智状态就会发生一些变化。说话人可以选择特定的话语，使听话人的心智状态发生尽可能符合说话人期待的改变。

　　在进行交际时，主体选择可以使用语言或非语言的行为。我们认为，相比于用于交际的非语言行为，语言的特殊之处在于，使用语言可以更准确地、更有效率地实现交际目的。例如，客厅的窗开着，妈妈觉得冷，想让儿子去关窗。妈妈可以用手指窗户这种非语言的方式来对儿子发起交际行为。但是，在缺乏其他相关信息的情况下，儿子对于这一行为可以有多种推测：妈妈想让自己关窗；或者，妈妈想让自己看窗外；或者，妈妈想让自己拉上窗帘；等等。而当妈妈采用言语"你去把窗关上"来进行交际时，就可以更准确、更高效地达到自己想要的效果，儿子也能更准确地理解妈妈的意思。

那么，语言何以能够更准确、更有效率地实现交际目的？我们认为，这是因为语言的象征性和规约性。语言的象征性是指，对于一个语言单位来说，它的声音或图像形式可以象征某个事物或概念，而这个事物或概念可以不在交际发生的当时（如很久以前或还没发生的事）、当地（如身在国外的某个人），甚至可以并不真实存在（如神仙、龙）。这使得人们可以用语言来表达极为丰富的意义。说话人可以具体而准确地表达自己想要表达的内容，而听话人可以排除许多无关的解读。另一方面，语言的象征性在很大程度上是规约性（conventional）的。在一个语言社团中，在多数情况下，一个语言单位的音义映射关系对于各个社团成员来说都是一致的，或至少是大致相同的，并且各个社员也期待其他成员对该语言单位的音义映射关系有着与自己一致的理解。在上述"关窗"的例子中，除非有其他特殊的语境，否则"把窗关上"这个表达式对于妈妈和儿子来说象征的都是"把窗关上"这个动作，而不会是"拉窗帘"、"看窗外"等其他意义。语言的规约性使得听说双方能够期待某个语言表达式对于彼此都象征着相同的意义，从而减少了选择和推测的成本，也降低了行为意义的模糊性，从而使得言语交际相比非言语交际更有效率。

语言的象征性能在交际中起作用，很大程度上是基于语言的规约性的。这种规约性可以是在社团中相对稳定的，也可以是临时约定的。不过，一个语言表达式所象征的意义也并不总是完全等于规约意义。关于这一点，我们会在下文中进行更详细的讨论。我们在这里想要指出的是，象征性和规约性对于语言在交际中的高效作用是非常重要的，而象征性在很多情况下又与规约性紧密相关。规约性是一种社会性的现象。我们认为，这种社会性的现象也是通过参与其中的各个主体的私人性的认知而形成的。因此，接下来，我们将从主体认知的角度对语言的象征性和规约性进行解释。

4.1 语言象征性的主体认知解释

对于语言的象征性，Langacker（2013）从认知角度进行了很好的理论解释。Langacker也将认知看作神经活动的结果。他用事件（event）标示发生的任何认知活动。各种复杂程度不同的认知活动都可以称为事件。事件可以是单个神经元的激活，也可以是规模性的神经元活动。Langacker假设任何事件的发生都会留下促使其重现的神经化学踪迹。如果事件重现，那么则可以渐进地强化神经化学踪迹。一个事件（或更确切地说，是一种事件类型（event-type））在不断重现过程中越来越固化（entrenched）。当一个事件类型固化到易于作为一个有机整体被激活时，Langacker就称这个事件类型具有了单位地位（unit status）。单位（units）是主体完全掌握的结构。主体可以在很大程度上机械性地将这些结构作为一个整体来使用，而不需要特别注意各个组成部分或它们之间的排列。当一个事件类型有了单位地位，我们就称它建立起一条确定的常规（routine）。常规一旦被触发，便基本可以自动执行。常规的执行被称为激活（activation）。一条常规的激活本身当然就是一个认知事件。协同激活的一组常规又会组合进入高一级常规。就这样，事件类型固化为常规，常规组合成更高一级的常规，这种经验的性质也就越来越精细地结构化了（Langacker，2013）。Langacker上述理论与我们在绪论中所提到的记忆的生理机制（Kandel等，2014）和Piaget（1961）的认知发展理论是相符的：重复出现的相似体验会在记忆和认知中固化，并能够在之后遇到相似情境时被作为一个整体激活。

根据单位的定义，单位的概念非常广泛，适用于任何认知活动或受到认知控制的活动。常规或单位可以是从简单到复杂的各种认知结构：可以是一个概念，可以是某种情绪，也可以是某种复杂的综合性体验，其中也包括语言单位。语言可以有多种形式，如口头的，书面的，手势的等等。为方便起见，我们以口头语言为例进行接下来的讨论。Langacker（2013）指出，语言在本质上是象征（symbolic）的。语言为说话人提供了一套开放的语言表达式，其中每一个表达式都是一个音位表征和语义表征的结合。因此，一个语言单位是一个象征单位，同时包括语义结构和音位结构。语义结构就是业已建立的概念，音位结构是语音形式。一个语义结构和一个音位结构或单位之间的象征联系也能取得单位的地位，由此产生一个象征单位。象征单位是认知语法用来表示词汇结构和语法结构的概念，其中最简单的象征单位是语素。象征单位之间又能互相组合形成更复杂的象征单位。

语义结构、音位结构和两者之间的象征关系是一个语言单位的必需要素，但如果一个单位只有这些组成因素，我们还只能称之为象征单位，而不能称为语言单位。我们需要再次强调，我们在此说的"单位"在本质上是一种以神经活动形式为基础的认知活动形式，而根据认知的具身性，任何认知活动都是个体独有、因人而异、不可直接传递的。然而，另一方面，语言的一个重要性质在于其规约性，或者用传统语言学中的说法，语言是约定俗成的。这意味着，如果一个音义结合体要能作为一个语言形式在一个语言社团中使用，该语言社团中的所有个体对该音义结合体的理解应该是基本相同的，而且每个个体也认为其他个体对这个音义结合体的理解是和自己基本相同的。

接下来，我们要从主体认知的角度出发，解释同一个人类社团中的多个主体是如何基于各自的认知形成规约的，以及主体是如何学习规约的。

4.2　语言规约性的主体认知解释

一个人类社团中的规约是主体判断共同基础的重要依据之一。规约是一个人类社团中的所有成员在特定情形中都会遵循的常规。由于该社团的任何一名成员在特定情形中都会遵循某种特定的规约，那么主体在判断对方是属于和自己同一社团的成员时，就可以将该规约作为双方的共同基础。

语言的音义映射关系也是一种规约。这也是我们常说的"语言是约定俗成的"、"语言具有规约性"。例如，对于说汉语的人来说，用"吃"来指称"用嘴巴进食的动作"是一种规约。如果一个人在没有任何其他语境的情况下，执意用"吃"来指称"石头"，那么其他人就会难以理解，因为对于他们来说，"吃"这一形式和"石头"这一意义之间在汉语社团中并没有规约性的映射关系。当然，规约是会变化的。例如，"吃"在古汉语中最初并没有"进食"的意思。《说文解字》："吃，言蹇难也。"可以看到，"吃"最初是结巴、口吃的意思。用"吃"来表达"进食"的用法，是随着明清白话文小说的兴盛而逐渐发展的（吕鹏，2010）。这是规约历时演化的例子。另一方面，人们也可以临时约定一个规约。比如，一群人在玩一个游戏，相互约定要用"吃"来表示"石头"的意义。这样，在这群人中就会形成一个临时的规约。在这个游戏中，他们就可以对对方说"路上有一块圆圆的'吃'"来表示"路上有一块圆圆的石头"，而对方也能够基于临时规约理解这句话。此外，一个社团中的规约在另一个社团中就可能并非规约，反之亦然。例如，当前的一些网络社团中会用"列文虎克"（显微镜的发明者）来形容某人观察仔细。这种在特定的网络社团中较为通行的说法在不接触网络的人听来就显得莫名奇妙，因为这种映射关系在非网络社团中并不是一种规约。

由于语言（至少在很大程度上）也是一种规约，因此我们在认知语用学中研究言语交际就也需要对规约从主体视角进行解释。我们会发现，虽然我们常说"语言是约定俗成的"，可是事实上一个语言社团的各成员也没有实际直接互相"约定"过语言的使用方式。同时，根据语言的复杂性和社团成员数量，也不可能使社团中的每一个人与所有其他成员都彼此对语言的每一种使用方式一一约定。对于其他的规约来说，亦是如此。人类的认知与电脑程序不同：程序员为不同的设备编写一个统一的程序，规定了每一个信号的编码和解码规则，就可以使这些设备通过编码和解码数据来进行数据的传输；但是对于人类来说，不存在这么一个"万能的创造者"，来从上而下地为不同的个体编写一个统一的"常规"。正如我们之前所说的，所有涉及不同主体的社会活动和现象从根本上都是基于每个主体主观性的认知和行为的，是从下而上的。那么，我们就需要从主体的角度出发来解释：在一个由多个主体组成的社团中，一个多人都遵守的规约是如何从各个主体的私人性的认知中产生的？主体又是如何习得规约的？

Lewis（1969）认为，规约是从社团反复面临的协调问题（coordination problems）之中发展出来的。协调问题是一种相互依赖的决策，在协调问题中，不同个体从一组可能的行为中选择一种行为，并试图将他们的选择与其他个体的选择相一致。例如，一种语言的词汇就是从中发展出来的规约。沟通某种特定的实体或事物状态会是一种反复出现的问题，社团成员要从一组可能的音义映射关系中选择一种，并试图将他们的选择与其他个体的选择相一致。Lewis认为要解决协调问题，需要各成员基于互有期待来对他人的选择进行策略性推理。当协调问题在一个社团的成员之中反复出现时，社团会发展出解决这些问题的一致的常规模式。随着成员之间的相互接触，社团成员会逐渐意识到其他成员也在采用这种常规的解决方案，从而产生一种互有的期待：社团成员期待其他成员采用这种常规的解决方案，也认为其他成员会期待自己采用这种常规的解决方案。换言之，社团成员会期待该常规方案是所有社团成员的共享信念。随着越来越多的社团成员建立起这种期待，社团成员都期待其他成员会采用这种常规模式，且会期待其他成员也期待自己采用这种常规模式。这样，该常规模式就变成规约性的了，成为了客观事实上的规约。

可以看到，根据Lewis的想法，规约的产生是建立在社团成员对其他成员的决策的策略性推理之上的，而这种策略性推理在本质上是以社团成员对所有成员的共享信念的判断为基础的。

在这种理论下，主体可以依据少量的样本来对社团所有成员的信念进行推测，即对整个社团的信念进行全局表征。主体首先通过与社团中的少数几个成员进行互动，发现对某个解决方案的期待是自己与这些个体的共享信念。继而，通过与这个几个样本互动的经验，主体可以将这个发现宽泛化到整个社团的所有成员，假设对这个解决方案的期待是自己与所有其他的成员的共享信念，从而在主观上将这个解决方案看作是整个社团的规约。当然，我们需要指出的是，主体对于规约的主观判断可能出错，因为可能主体所接触的样本正好都采用了与客观上的社团规约不同的解决方案。但是，这并不妨碍主体在与新遇到的社团成员互动时将这个主观认为的规约作为共同基础使用。主体可能会通过对方的反馈重新调整对规约的判断。或者，在互动中，对方也可能会改变对常规模式的判断，并在之后的更多互动中使这种模式在社团中扩散开来，从而成为新的事实上的规约。因此，与共同基础一样，我们也同样需要区分主体主观所认为的规约和客观事实上的规约，而正如我们在上述规约的形成过程中能看到的，客观事实上的规约是基于社团成员主观上的期待建立的。

总的来看，Lewis认为，规约的形成和习得依赖于社团成员的策略性推理和对整个社团的全局表征。策略性推理在本质上是基于共享信念的。全局表征帮助主体判断全体成员的共享信念，而这可以通过从少量的样本出发进行宽泛化来实现。

Lewis的理论对后来关于语言使用的理论有着很大的影响。但是，近来一些学者对这种依赖于共享信念和全局表征的规约理论提出了不同看法（Batali，1998；Hazlehurst & Hutchins，1998；Hutchins & Hazlehurst，1995；Steels，1996，1998）。他们认为符号规约起源于交际行为本身，是在主体试图理解交际对象和被交际对象理解的过程中产生的。在词汇形成的过程中，主体对社团行为没有外显的全局表征，也不需要对共享信念的判断。相反，每个主体只需依靠最基础的学习和反馈机制，即主体基于互动成功的正反馈和失败的负反馈来进行学习及更新自己的词汇库。他们的研究表明，仅依靠最基础的学习机制，一个由多个虚拟主体组成的系统就能够持续地产生语音、句法或语义规约，而这些规约只是互动本身的副产品。

在此基础上，Barr（2004）用计算机模拟了词汇在多个个体中形成的情况。在模拟中，Barr设置了4个意义和4个形式。在最开始，每个虚拟主体的对于这些意义和形式的映射关系都是随机的。每个虚拟主体会随机与其他虚拟主体进行"交际"，即一方用一种映射关系来输出一个形式，而另一方基于自己的映射关系来激活一个意义。Barr赋予了虚拟主体最基础的学习能力来评价交际是否成功。虚拟主体会获得一个反馈信号来提示交际是成功还是失败，即判断双方所调用的映射关系是否相同。虚拟主体会根据成功和失败的反馈来调整自己的词汇库。在这个模拟中，虚拟主体并不会也没有能力对共享信念作全局表征，甚至都没有"社团"的概念。

模拟的结果显示，仅依赖这种最简单的学习和反馈机制，在一个由多个虚拟主体组成的系统中，也可以建立并保持统一的规约信号系统，即各个主体都建立起了相同的映射关系。并且，在规约形成时，这些主体并不需要和所有其他主体进行过互动，而只需要与其中的部分主体进行过互动即可。此外，在这个模拟中，当主体的记忆容量增大或是社会连结性增广时，个体追踪全局特性的能力相当于增强了，而此时规约产生所耗费的时间却反而增加了。Barr（2004）认为，这一结果表明，至少在某些情况下，个体对获取和使用全局表征的尝试可能反而不利于规约的建立。

尽管在这种"规约是在使用中形成和维持的"的思路下，出现了许多与Lewis的理论相悖的实验结果，但是我们认为，这种思路和相关实验仍是存在一定的问题的。首先，我们可以发现，以Barr（2004）为代表的这种思路下对规约的定义是与Lewis的定义存在差别的。由于Barr等学者认为规约的形成和维持并不需要主体对共享信念有相互的期待，因此只要各成员在特定情况下都采取同一种策略，该策略就会被认为是规约。在Barr等人的思路下，规约并不包含对他人的期待，而Lewis则将这种期待看作规约的一部分。Barr等人对规约的定义似乎是违反直觉的。如果我们去问问身边的人："你在说一个词的时候，会认为别人对这个词的理解和你一样，或至少是相似的吗？"我想多数人是会给出肯定的回答的。也就是说，人们在使用规约时，应该更可能是会对他人有期待的。模拟的模型无法解释这种期待是如何产生的。在Barr的模拟中，规约的产生是基于成功率的积累的，而关于互有期待、共享信念的一切因素都被排除了：模拟的主体不会产生互有期待或共享信念，而完全只依靠先前直接互动的成功与否来选择行为。这与人际互动的实际情况是不符的。在实际的人际互动中，人们会进行归纳、推测和期待。Barr等人的理论并没检验人们的这些能力对规约的影响。同时，由于他们在实验中完全排除了互有期待和共享信念的因素，因此他们的实验只能说明在没有互有期待和共享信念的情况下，多个主体间可能产生一致的解决策略，却无法证明所有的一致策略都是在没有互有期待和共享信念的状态下产生的，也无法否定互有期待和共享信念能够产生一致策略。

其次，在实际的情境中，形式和意义的映射关系远比程序模拟的复杂。在Barr的模拟中只设置了4个形式和4个意义，而在现实中，形式和意义的数量几乎是无限的。此外，Barr的模拟也无法解释一词多义和同义词的现象。在Barr的模拟中，最终合流出了四种单一的音义映射关系；但是在现实中，存在着大量的一对多的音义映射关系。Barr的模拟模型无法解释这种一对多的映射关系是如何形成的。

另外，我们在此也想要对Barr关于全局表征能力和规约形成之间的关系提出疑问。如果我们将Lewis的理论和Barr等人的理论进行比较，会发现在Barr等人的理论中，主体在规约的形成和习得过程中完全只依赖于直接互动的经验，而在Lewis的理论中，主体除了依赖直接互动的经验之外，还可以用对共享信念的期待代替直接互动的经验。通过总结和归纳，主体可以用更少的样本处理来建立对规约的判断。我们认为，在Barr的模拟中，之所以"追踪全局能力"增强会减缓规约的建立，可能是因为在模拟中没有赋予虚拟主体总结和期待的能力。虚拟主体只有基于每个体验的成功与否进行学习的能力，那么当体验样本增大时，无疑会导致学习难度的提升。而如果主体有总结和期待的能力，那么只要少量样本就可以将经验进行宽泛化，或许反而能提高规约建立的效率。这需要进一步实验的验证。

在Lewis的理论中，规约的习得是需要以共享信念能力为基础的，而建立共享信念的能力涉及对他人心智状态的递归判断，因而在个体发展的过程中是随着心理理论的发展而逐渐成熟起来的。根据心理理论的相关研究，儿童在2到3岁时已经能建立对他人信念的表征，但是对二级信念的表征能力却要在6岁左右才会成熟。这种发展过程也反应在了儿童对规约的理解上。在2到3岁时，儿童开始展现对社会规约及规约的一些核心特性的某种理解（Rakoczy and Schmidt，2013）。首先，他们能够将规约看作有一种普遍的约束力，且明白这种约束力并非只是针对某个特定对象，而是针对一个人群的。他们一方面用常规指导他们自身的行为，另一方面用规约为评判和指教他人设定了评价标准（Rakoczy，2008；Wyman等，2009）。其次，儿童知道规约是与语境相关的，会根据语境的不同而调整规约的使用（Wyman等，2009；Schmidt，Rakoczy & Tomasello，2012）。第三，一些研究表明，儿童已经能够理解规约性的某些方面。他们能够理解，某些规约是通过一些参与者的共同创造形成的。同时，他们也理解，这些规约是被其他参与者所共享的，并且对其他参与者来说也是有效的（Diesendruck & Markson，2011）。此外，这个阶段的儿童已经能够轻松、快速地学习规约了。他们不仅能学习那些外显呈现的规约，还能快速地推理出那些内隐的规约。他们还可以通过对单次活动的观察快速地推理出一个互动类型的普遍的、规范化的结构（Schmidt等，2011）。不过，在这个阶段，儿童对规约的理解还不完全成熟。例如，一些儿童在观察到一个互动结构时，可能会过度估计该互动结构的规约性，从而将实际上并非规约的互动结构判断为规约（Kenward，Karlsson，& Persson，2011）。可以看到，即使是对规约的理解尚不成熟的低龄儿童，也展现出了对他人遵循规约的期待，以及通过少数互动样本来宽泛化推及到所有社团成员的能力。因此，我们认为将采用相同解决方案的互有期待看作规约的一部分是合理的，而不应像Barr等学者那样将否定规约含有这种这种互有期待。

我们认为，不论是从理论角度，还是从儿童个体发展过程中的行为表现来看，Lewis的理论比Barr等人的要更为合理。因此，我们接受Lewis的理论。基于这种理论，我们就可以从主体的角度出发解释规约是如何形成，以及主体是如何习得规约的。我们的一个前提是，规约是一种已经进化成熟的社会性认知现象，每个主体都能在个体发展的过程中建立起对规约的认识和学习规约的能力。规约的内容可大致分为两个部分，一部分是社团成员在面对特定问题时对规约策略的一致性使用，另一部分是社团成员对其他成员有关这种一致性使用的互有期待——社团成员期待其他成员会使用这种策略，也认为其他成员会期待自己使用这种策略。个体对规约的理解也包括了规约对社团各成员的普遍约束力和社团各成员期待彼此遵守规约的共享信念。对于某种反复出现的协调问题，在社团各个成员尝试解决的过程中，社团中会逐渐发展出一种多个成员都采用常规模式。之后，在社团成员的互动过程中，每个社团成员会通过少量的互动样本来将之宽泛化推及到整个社团，认为对该常规方案的采用和期待是所有社团成员的共享信念。这样，当越来越多的社团成员在主观上建立起了这样的信念，从客观上看，规约就在社团中逐渐形成并稳定下来。在一个规约已经在社团中相对稳定地存在的情况下，社团成员在学习规约时，也是基于对规约本质和特性的理解，通过一些互动样本来宽泛化推及到整个社团，建立起对规约的主观判断。可以看到，和共同基础一样，我们也需要区分主观规约和客观规约。主体会对规约有主观的判断，但是这种判断可能出错。只有当社团成员都采用一致的做法、并对其他成员对这种做法有互有期待时，该做法才是客观上的规约。

这样，我们就能够从主体认知的角度出发对语言的规约性进行解释了。在一个语言社团中，当出现需要指称某个特定事物的问题时，其中的一些成员就会尝试使用一些声音形式来进行指称。在有些情况下，可能并不明确存在需要指称某个特定事物的问题，比如已经有了指称该事物的词汇，但是一些成员可能会采用某种新的方式来指称该事物。这种指称方式可能会在社团内扩散，被越来越多的成员使用。在社团成员的互动过程中，每个社团成员会通过少量的互动样本将对这种指称方式的使用推及到整个社团的成员，认为这种指称方式是被所有社团成员共享的。建立起这样的信念的社团成员，就在主观上将这种指称方式看作了是语言规约。而当越来越多社团成员都建立起了这样的信念时，语言规约就在客观上逐渐形成了。主体在个体发展的过程中，很早就建立起了对语言规约的理解。在主体与同一语言社团的少数成员互动过程中，当主体发现这些成员都使用了某种指称方式，主体就能够将对用法和对这种用法的互有期待推及到整个社团的所有成员。在一些情况下，主体甚至只需要与一个具有典型性的社团成员互动或通过"偷听"的方式，就能够学会新的语言规约。

还有几点是需要特别指出的。首先，一个规约在社团内部发展、稳定的

过程并不是一蹴而就的，而是需要一个过程的。从非规约到规约的变化过程
是渐进的。一个方式是否在客观上成为了一个社团内部较为稳定的规约，一
方面取决于该方式被各社团成员的接受程度，另一方面取决于使用该方式和
对该方式的使用抱有互有期待的人数。因此，规约和非规约之间并不总是存
在一个清晰的界限。

其次，我们这里所说的社团可大可小，大到可以包括所有汉语使用者，
小到可以只有两个人。例如，两个女孩可以用"那个人"来指称其中一人所
暗恋的男孩，并且她们在说"那个人"时都期待对方会认为自己在指称那个
男孩，那么这种指称方式就是这个两个女孩所组成的二人社团中的规约。

最后，主体对规约的主观判断可能出错。主体所认为的规约做法在客
观上可能并不被社团其他成员有一致性的使用，或者其他成员并不对这种做
法有互有期待。例如，如上文所指出的，儿童在一些情况下会过度估计某个
互动的规约性，将不是规约的互动结构判断为规约（Kenward，Karlsson，&
Persson，2011）。另外，对规约内容的理解也会出错。成年人也常会在学习
规约时产生误解。例如，这种现象常发生在长辈学习网络用语的情况下。如
下面的例子：母亲因病住院了，父亲通过手机短信把这个消息告诉儿子，下
面是他们的短信内容：

Dad：Mom is in hospital LOL.

Son：What? Why is this funny?

Dad：It is not funny.

Son：Then why did you laugh out loud?

Dad：Laugh out loud? I thought it meant lots of love.

在网络用语中，"LOL"是"Laugh out loud"（大笑）的意思，但是，
父亲在学习这个网络社团的语言规约时，误以为"LOL"是"Lots of love"
（很多关爱）的意思，并基于这种误解使用了它。此外，主体对他人的社团
成员身份的判断也可能出错，从而使用了不适用于当前对象的规约。例如，
很多人在国内试图和在华外国人交流时，都会使用英语，但是，并不是所有
外国人都是英语语言社团的成员，许多来自非英语国家的外国人可能并不懂

英语。在这种情况下，双方就无法理解。当主体基于对规约或对目标对象社团成员身份的错误认知来进行交际时，就可能导致交际的不顺利。

4.3 直接意义和间接意义

尽管规约性对于语言在交际中的作用非常重要，但是，我们会发现，在交际中，说话人所想要表达的并不总是话语或话语中某个词的规约意义，听话人所理解的也并不总是话语或话语中某个词的规约意义。例如下面两个例子：

（哥哥的桌子上有一支胡萝卜形状的笔）

妹妹：这支笔是胡萝卜形状的，好好玩！

哥哥：你喜欢的话，这个胡萝卜就给你了。

妹妹：真的吗？谢谢哥哥！

A：晚上我们去看电影吧！

B：可我明天要考试。

在第一个例子中，"胡萝卜"的规约意义是指一种根茎类蔬菜，但是哥哥却用它来指称笔，这种用法是规约性的。在第二个例子中，B的话语的规约意义是"明天要考试"，但是B通过这句话想要表达的是"因为我要准备考试，所以今晚我不和你一起去看电影了"。

这涉及到语用学中的一个核心问题，即话语的直接意义和间接意义的问题。为了回答话语直接意义和间接意义的问题，我们需要先从认知的角度梳理一下，在说话人用话语表达意义和听话人理解话语时，发生了什么，并在此基础上理清我们需要解决的问题有哪些。

从说话人角度来看，说话人想要实现某种效果，需要选择她认为能实现这种效果的话语。为了实现效果，有多种话语可供选择。那么，有哪些因素会影响说话人对话语的选择？首先，当然，说话人想要实现的效果会是影响话语选择的一个主要因素。说话人会希望实现例如幽默、讽刺等效果，或者为了礼貌、隐藏意图等目的而选择一些不那么"直接"的话语。这种"不直接"对于实现特定的效果和目的来说是必要的，和这种"不直接"的方式相比，"直接"的方式反而无法产生这样的效果。另一方面，我们还需要考虑的一个问题是，要实现特定效果，可以有多种话语选项。同时，一个话语往往是由多个词所组成的，要表达同一个意义，也常常有多个词可以选择。而这些词和话语选项的可及性是不同的（Kesckes，2010，2013）。有些选项的激活会更为优先，并且这种激活是自动的。那么，从说话人的角度，我们需要解释的有两个问题：第一，什么样的选项会更优先激活；第二，说话人是根据什么来判断自己的选择对于实现目标来说是否是恰当的。

另一方面，对于听话人来说，听话人对话语的总体解读是要基于对组成话语的词的理解之上的。一些词有几种不同的规约意义，而结合语境，任何一个词都可能有规约意义之外的其他意义。听话人在听到话语时，词的意义的激活也会有优先顺序（Giora，1997，2003；Kesckes，2010，2013）。一些意义会首先被激活，形成一个初始的解读。在产生初始的解读之后，听话人可能会发现初始解读存在问题，从而进行进一步的解读。那么，从听话人的角度，我们需要解释的问题也同样有两个：第一，什么样的意义会被首先激活；第二，听话人如何判断初始解读是否恰当，或者说是否需要进一步的解读。

说话人角度的二个问题，我们在"共同基础"一章中已经进行了解答。在足够理性的情况下，说话人会充分考虑自己和目标对象的共同基础，以此为标准来判断自己的选择是否恰当。不过，从他人的视角对共同基础进行考虑需要耗费额外的认知努力，而包括交际在内的人类认知活动所追求的是以尽可能低的付出换取尽可能高的效果，因此主体会在考虑共同基础这种高成功率、高付出的策略和利用直觉判断这种成功率相对降低、但付出也较低的策略之间选择一种平衡的方案。而受限于认知能力、认知水平、认知资源、时间等条件的限制，很多情况下，说话人并不会充分考虑双方的共同基础，或较少考虑双方的共同基础。说话人对双方共同基础考虑得越少，就越可能选用最优先激活的、可及性最高的选项。因此，要解释直接意义和间接意义的问题，我们就需要解释什么样的话语选项对于说话人来说是高可及性的、更能够优先激活的。听话人角度的第二个问题的答案一部分和说话人角度的第二个问题相同，而另一部分我们会在"意图"一章中进行分析，一个简洁的回答是：听话人是以对说话人意图为标准来判断自己的解读是否恰当的，而合作原则和关联性可能为听话人提供了更为直观的判断机制。这样我们还剩下两个问题：听话人角度的第一个问题和说话人角度的第一个问题。这两个问题在本质上是同一个问题的，即：什么样的音义映射关系对于主体来说是高可及性的、更能够优先激活的。这也是在本章中我们接下来要分析的问题。

4.3.1　间接意义问题研究综述

间接意义问题一直是语用学研究中的一个重要议题，过去几十年间有许多学者都对这个问题提出了自己的观点。巴拉（1999）总结了解释间接意义问题的四种理论，并在此基础上提出了自己的观点。我们在此先对这五种理论进行一下简单的综述。

第一种理论被巴拉称为惯用语理论，以Sadock（1974）为代表。这种理论认为，间接言语行为是在语义上等同于直接言语行为的惯用语。这是一种纯语言学的解释方法。但是，这种理论至少在三个方面存在问题。首先，对于同一个意义，我们可以用几乎无数种的间接言语方式来表示。但是，惯用语的数量是有限的，且一个惯用语所能表达的意义也是有限的。惯用语的特征和间接言语行为有着明显的差异，因此将间接言语看作惯用语是不恰当的。其次，有些言语行为虽被划为间接言语行为，却可以用作直接言语行为。例如，"你能写出你的名字吗？"这句话可以看作是请对方写下名字的一种间接表达，但是，当老师对幼童学生或医生对有书写障碍的患者说出这句话时，这句话就可以被用作直接言语行为，所表达的就是字面意义，即询问对方是否有能力写出自己的名字。最后，惯用语理论无法解释为什么某些间接言语行为有上述例子中这样两种可能的意义（巴拉，1999）。

解释间接言语的第二种理论是以Searle（1975）为代表的推理链理论。Searle区分了首要（primary）言外行为和次要（secondary）言外行为。首要言外行为是说话人真正想要通过言语所做的事，而次要言外行为是说话人在言语中所说的事。例如，妻子想要让丈夫把餐台上的盐递给他，于是对丈夫说："你够得着盐吗？"在这个例子中，"让丈夫递盐"是首要言外行为，而询问丈夫是否够得着盐则是次要言外行为。Searle认为，当听话人理解次要言外行为未果后，会进行10个步骤的推理，从而推测出说话人的意图。这种推理链理论也存在一定的问题。首先，Searle（1975）认为说话人只有在理解次要言外行为未果之后进行一系列推理才能理解话语的间接意义。但是，在很多情况下，我们对间接意义的理解几乎是立刻产生的。例如，当我在餐厅里对服务员说："请问有酱油吗？"服务员就会立刻明白我是在请他帮我拿一点酱油，很难认为他在这过程中经历了10步逻辑推理。另一方面，Searle的理论暗含了这样一点：人类的基本认知方式是一套演绎规则。但是，儿童认知发展的证据则并不支持这一观点。儿童一般在三岁时就已经掌握了间接言语行为，但是却在三至四年之后才具备逻辑推理的能力（巴拉，1999）。在基本认知方式方面，心智模型理论（Johnson-Laird，2006）是近年来更有解释力的理论。尽管我们在有些情况下的确会运用逻辑推理来理解间接意义，但是对间接意义的理解并不完全是依靠逻辑推理能力的。

第三种理论以Gazdar（1979）为代表，认为听话人可以根据语境理解说话人所想要真正表达的意义，而不必依赖于字面意义。而如果话语没有字面意义，那么也就没有必要区分话语的直接意义和间接意义了。在认知视角下，这种观点在某种程度上是合理的：我们对话语的理解需要依赖于认知语境。但是，对话语字面意义的彻底否定是不恰当的。一方面，正如我们在上文中所说的，话语的规约意义在多数情况下都为意义的表达和理解提供了一个框架，使得交际者不必将认知精力浪费在不相关的选择和推测上。如果话语本身的形式在交际中并不起作用，那么言语交际就与非言语交际失去了区别，这样就无法解释为何言语交际能够比非言语交际更明确更直接。另一方面，语境分析说无法解释，如果听话人从不关注和记住话语本身的形式和意义，那么听话人对有多种解读的话语作出误解后，为何能重新正确解读（巴拉，1999）。

第四种理论是Gibbs（1994）在总结了上述几种理论的基础上提出的。Gibbs将间接言语行为分为规约性间接言语行为（conventional indirect speech acts）和非规约性间接言语行为（non- conventional indirect speech acts）。如果在一个语境中，一个话语能使听话人立刻理解说话人想要表达的意义，那么这个言语行为就是规约性间接言语行为。而如果听话人需要经过一系列推理才能理解说话人所真正想要表达的意义，那么这个言语行为就是非规约性间接言语行为。我们认为，Gibbs以是否能直接理解作为标准对间接言语行为进行区分的思路是符合认知的特性的：一些认知结构会在心智中固化，并能够在之后遇到相似情境时被作为一个整体快速地激活。但是，他将直接理解与规约性等同起来的观点则值得商榷。例如，一些隐喻性的间接言语表达是非规约性的，却可以被立刻理解。比如下面的例子：

（哥哥的桌子上有一支胡萝卜形状的笔）

妹妹：这支笔是胡萝卜形状的，好好玩！

哥哥：你喜欢的话，这个胡萝卜就给你了。

妹妹：真的吗？谢谢哥哥！

用"胡萝卜"指称"笔"并不是一种规约性表达，但是妹妹却能在这个语境中立刻理解哥哥话语中的胡萝卜是指桌上的胡萝卜形状的笔。因此，我们认为，虽然Gibbs通过是否能直接激活来进行区分的思路是合理的，但是对于什么样的理解会被快速地、直接地激活，单纯用规约性来解释是不够的。

在总结了上述四种理论的基础上，巴拉（1999）提出了自己的观点。他认为在认知视角下，不存在识别间接言语的问题。对听话人来说，在交际中最关键的是要始终识别行为游戏的开启。行为游戏（behavior game）的概念来自于Wittgenstein（维特根斯坦）（1953）所提出的游戏（game）的概念。Wittgenstein认为整个使用言语的过程可以看作是一种游戏。使用"游戏"这个词的目的是强调说话是人类活动的一部分。换言之，人类之间的互动可以看作是遵守一系列规则的游戏。巴拉认为，人们在交际时，实际上是在通过交际行为来进行某种行为游戏。巴拉将行为游戏看作是交际双方共享的行为计划。计划由信念组成，这些信念描述的是计划所涉及行为的可行性，以及实施这些行为的意图。在这种理论基础上，间接言语的问题的本质在于连接表达行为和行为游戏开始的推理链之间的复杂程度。基于这种观点，巴拉区分了简单间接言语行为和复杂间接言语行为。他的区分标准和Gibbs对规约性间接言语行为和非规约性间接言语行为的区分标准相类似。简单间接言语行为是指那些把听话人直接引入行为游戏的话语，说话人所发出的话语就直接构成了游戏的一个步骤。简单间接言语行为与直接言语行为给人们造成的认知负担差不多。而复杂间接言语行为则是指这样的话语：听话人需要进行一系列的推理才能判断话语是某个具体行为游戏的一个步骤。简单言语行为和复杂言语行为之间的区分标准在于听话人从话语到游戏的推理过程是否复杂。

行为游戏的概念是巴拉（1999）的认知语用学的核心，因此巴拉有关间接意义的解释也是围绕行为游戏展开的。在这方面，巴拉的理论有其合理性：在言语交际中，说话人的一切行为在根本上是为了实现某种效果，而听话人对话语的解读也最终是要识别出说话人想要实现的效果。但是，他的理论却完全忽视了话语意义的激活过程：在听到语言表达式时，什么样的意义会先激活？只有回答了这个问题，我们才能接着解释，听话人如何判断首先被激活的意义是否恰当，以及听话人在认为初始解读不恰当的情况下是如何进行进一步的解读的。巴拉跳过了第一步，而直接对后面的步骤进行了解释。因此，我们认为，他的解释也是不充分的。

我们可以看到，这些有关间接意义的理论都没能解释清楚一个问题：对于一个话语和组成这个话语的词，什么样的音义映射关系会被直接激活。传统上认为，话语的直接意义就是话语的规约意义或字面意义（如Grice，1975；Searle，1975）。惯用语理论、推理链理论和Gibbs的理论认为或暗示了规约性的映射关系是被直接激活的。但是我们已经用一些例子指出了在一些情况下，被直接激活的并非是规约性的映射关系。巴拉的理论则没能对这个问题解释。而这个问题对于解释间接意义来说是有必要的。近年来，Giora（1997，2003）和她的同事（Giora等，2013；Giora等，2015）对于这个问题的研究有一些新的成果。

4.3.2 凸显意义和默认解读

Giora的研究主要针对听话人展开。最初，Giora（1997，2003）并没有对"词汇意义"和"话语整体意义"这两个概念作术语上的区分，"意义"一词可以同时指代这两种概念。不过，近年来，Giora等（2013，2015）有意识地将话语的整体意义称作解读（interpretation），而用意义（meaning）专门指词汇的意义。Giora所指的词汇（lexicon）是一个广义的概念，指那些可以被作为一个整体直接激活的语言单位，包含了传统意义上的词、短语、习语、谚语等。而听话人对话语的解读被视为一种建构（construct）的过程。听话人对话语整体意义的解读是基于对构成话语的各个词汇意义的理解的。

基于对比喻性话语的研究，Giora（1997，2003）提出了等级凸显假说（Graded Salience Hypothesis，GSH）。等级凸显假设的基本观点是：（1）在听话人理解话语的过程中，词义处理机制和语境信息处理机制都会起作用；（2）词义处理机制受"凸显（salience）原则"支配。在任何情况下，凸显意义都会被优先激活；（3）在理解话语的初期，语境对词义信息处理所产生的影响是有限的，无论语境对意义的偏向性如何，都无法阻止凸显意义的激活。

具体来说，Giora认为，听话人在听到话语时，被优先激活的是词汇的凸显意义。凸显义和语言形式的关联是自动的，不需要语境和推理的参与。换句话说，凸显义就是指人们在看到或听到某个语言形式时，大脑第一个会产生的意义。有多种因素会影响一种意义的凸显性，如果一个意义具有规约性，或者有原型性，或者有较高的出现频率，或者是主体所熟悉的，又或者是受到先前语境增强的，那么这种意义就更可能对主体凸显。凸显和非凸显之间并没有一个明确的界线，而是一个渐变的等级概念。主体的心理词汇库（mental lexicon）是按等级结构组织起来的。一个词汇的不同义项会有不同的凸显度，而在处理话语时，凸显度高的义项会被优先激活。当一个语言形式有不止一个凸显意义时，就会产生对多个凸显意义的平行处理。例如，如果一个规约性隐喻的隐喻意义和字面意义时同等凸显的，那么字面意义和隐喻意义都会被优先激活，然后主体在根据上下文和其他语境因素来判断哪个意义是恰当的。此外，在心理词汇库中，不同义项的凸显度是会动态变化的。

Giora用凸显性解释了"什么样的词汇意义会优先激活的"这个问题。在等级凸显假设中，规约性是影响凸显性的一个重要因素，但是除了规约性之外，还有如原型性、熟悉度、频率等因素也会影响凸显性。也就是说，某个义项的规约性可能会导致该义项的优先激活，但这种影响并不是绝对的。这种理论比传统上将规约意义置于优先地位的观点更能解释生活中的语言现象。

在提出等级凸显假说之后，Giora等又进一步研究了词汇意义和话语整体解读之间的关系。话语的解释是基于组成话语的词汇意义的一种建构过程。这里可以分为几种情况。首先，一个语言刺激的整体并不在心理词汇表中，在这种情况下，对于话语整体的理解就需要基于对话语各部分的意义的理解。如对"老李昨天去北京了"这句话的整体解读，就需要基于的"老李"、"昨天"、"去"、"北京"、"了"这些词汇意义的理解。第二种情况是，一个语言刺激的整体可能就在心理词汇表中，例如只有一个词的话语（"再见！"）或是语言刺激本身是一个习语（如：兔子不吃窝边草）。在这种情况下，这个语言刺激就可以作为整体被解读，那么这个词汇的意义就可以是整个话语的解读。听话人可以将"兔子不吃窝边草"直接理解为"人不在家门口干坏事"的意思。这个意义是被直接读取的，而不需要经过建构。最后，还有一种情况。对习语的解读也可以是字面义的解读，如下面的例子：

A：兔子窝边上的草为什么那么长？

B：因为兔子不吃窝边草吧！

在这种情况下，对"兔子不吃窝边草"的解读就是基于组成这句话的各个词汇的意义（兔子、不、吃、窝边、草）了。

Giora等（2013，2015）将遇到语言刺激时第一个出现的、无条件地直接建构的解读称为默认解读（default interpretation）。默认解读会比它们对应的非默认解读更快地得到处理，无论非字面义性、非凸显性、否定性、或语境支持的程度如何。凸显意义起着构建默认解读的作用：根据GSH，默认解读是基于解读的刺激的组成成分的编码的、凸显的意义的。因此可及性比凸显意义较弱。

我们再对Giora所认为的话语解读过程再梳理一遍。一个句子由一组组成成分组成，在时间上，听话人对这些组成成分的感知有先后。在接收到一个成分的刺激时，会激活一个初始的词汇意义。初始意义总是凸显的。激活的意义可能会根据其他成分、语境等进行调整。各成分激活的意义会成为对整个句子初始解读的基础。初始解读是默认解读。如果觉得初始解读不合适，可能还会进行进一步推理。

在Giora的研究基础上，Kesckes（2008，2013）进一步指出，语言的这种等级凸显性和默认性也同样适用于说话人对话语的选择上。说话人要表示同一种意义，可能有多种语言表达式可以选择，而与话语理解一样，有些选项会更为凸显，而凸显的选项会被优先地、直接地激活。但是，凸显的选项不一定符合双方的共同基础，因此有可能出错。主体会根据实际交际情形下的各种因素判断凸显的选项是否恰当并进行调整。当主体有足够认知能力、时间和认知精力时，主体会充分地考虑各种因素，选择更符合双方共同基础的话语。而当在这些方面受限时，主体会更多地依赖于凸显的选项。这就能解释为何有时说话人虽然知道或有能力知道听话人并不清楚某个表达式的意义时，仍会采用这个表达式，例如留学生、外企工作人员常常会在中文中夹杂一些英文词汇，这在一定程度上是因为要该英文词汇对于这些说话人来说是凸显的。他们在想要表达特定意义时，凸显的英文表达式首先被激活，而由于在快速的对话中说话人没有充足的时间来考虑双方的共同基础，因此他们会直接选用这些凸显的英语选项。如果给他们充足的时间来提前准备，他们是有能力选用符合双方共同基础的中文表达式的。

4.4　本章小结

在本章中，我们首先从主体认知的角度分析了语言的象征性和规约性。以口头语言为例，语言的象征性来自于语音单位和语义单位的映射关系，这种映射关系会在重复中被固化。而语言的规约性则基于主体对规约的理解。主体在个体发展的早期过程中建立起了对规约的理解，明白规约对于社团成员的约束性和社团各成员对于规约的互有期待。基于这样的理解，主体可以通过与少数社团成员的互动样本来将某种做法推及为整个社团的规约，而不必与所有社团成员进行互动，这也反映了认知的经济性：主体可以通过一些"捷径"来以尽可能少的付出来获得尽可能大的效果。但是这种"捷径"的代价就是更高的错误的可能性。主体对于规约的主观判断和理解可能出错，但是主体又可以根据对他人的反馈等的认知来进行调整。另一方面，对于每个主体来说，各个音义映射关系的可及性是因人而异的。在说话人想要表达某种意义时，凸显度最高的表达式会首先被激活，而这个选项可能并不一定符合双方的共同基础。当说话人有足够的能力和资源时，说话人会考虑各种相关因素，选择符合双方共同基础的话语。同样，在听话人理解话语时，词汇的凸显意义会被优先激活，凸显意义会构建为对话语整体的默认解读。当听话人有足够的能力和资源时，听话人会考虑各种因素，选择符合双方共同基础的解读。直觉的、凸显的选项可以帮助交际者快速地、几乎不费力地获得一个解决方案，但是容易出错，而考虑各种因素可以帮助交际者提高交际的成功率，但是会需要耗费更多的认知努力和时间。

第5章 合作

5.1 合作的定义

一般认为，交际是一种合作性的社会互动。合作是指两个或多个个体或群体之间为了共同的目标而协同活动以使某种既有利于自身，又有利于对方的结果得以实现的行为或意图（Henrich & Henrich，2006）。其表述形式为：我们想要共同完成任务X，我实施动作Y1，你实施动作Y2（Warneken，Grafenhain，& Tomasello，2012）。Bratman（1992）指出，主体对合作的理解包括对以下内容的理解：（1）合作伙伴对彼此的动作和意图进行反应；（2）承诺完成共同的目标；（3）能进行角色转换并支持彼此的角色。

正常情况下，一个人在个体发展的早期就建立起了对合作本身的理解。在1岁之前，婴儿通过与父母进行共同活动来学习合作（Brownell，2011）。成人最初通过注视、低语、抚摸、微笑等方式与婴儿进行互动，婴儿在这些过程中逐渐适应了互动的时机和结构，并开始主动参与这些互动（Bigelow & Walden，2009）。随着婴儿对互动的理解的加深和练习的增加，在婴儿6到12个月龄时，成人和婴儿之间的互动从面对面的二元互动扩展到了涉及其他物体的三元互动。通过对物体的共同注意，成人和婴儿之间产生了共同活动。到了12月龄时，婴儿开始主动发起共同活动，并且会在成人违反了他们对参与共同活动的期待时作出反应（Liszkowski等，2006）。通过与父母的共同合作，婴儿逐渐建立起了对合作的理解。在1岁左右，婴儿已经能在与父母的互动中表现出一些合作的特征，如1岁的婴儿可以与成人进行来回扔球的活动，能够与成人轮流把积木放进盒子，以及配合父母给自己穿衣服等

（Ross & Lollis，1987）。到了2岁左右，随着制造共同基础技能的发展，儿童已经可以进行真正意义上的合作性活动了（Tomasello，2008）。

另一方面，除了对合作本身的理解之外，主体要进行合作性的人际互动，还需要建立对各种合作性互动的内容的理解。如果我们要和舞伴一起跳双人舞，那么我们仅知道"双方需要合作"这一点是不够的，我们还需要了解具体在这支双人舞上如何合作。我们不仅需要了解自己的动作，还需要了解对方的动作，以及什么时候双方分别该做什么动作、双方应该如何配合彼此等内容。有时我们在进行互动之前就已经对合作性互动的内容有了一定的理解，有时我们需要在互动的过程中来建立或调整对互动内容的理解。巴拉（2013）在维特根斯坦（1953）"语言游戏"的基础上，将人类的社会互动看作"行为游戏"。巴拉将一种行为游戏看作一个由一系列行动组成的行动计划，而行动由意图引起，因此行为游戏又可以看作是意图的树状图。一个主体对于某个行为游戏的理解包括了参与者之间的关系、时间、地点等有效条件和游戏的步骤，即该行为游戏所涉及的各个参与者在各个阶段分别要做什么事。我们认为，在每个人的个体发展过程中，都会习得有关各种合作性互动的行为计划，这使得个体对各种合作性互动的条件、步骤、双方的责任等都有相应的认知。因此，行动者可以期待互动对象与自己对某种合作性互动有着相同或相似的认识，从而基于此采取行为发起合作性互动。而合作者如果判断行动者的行为提议了某种合作性互动，那么他就可以选择合作，并根据自己的理解来承担自己的责任。即使合作者对行动者所提议的合作性互动没有足够的理解，也可以基于对合作本身的理解，来向行动者学习该合作性互动的具体内容。在很多情况下，主体可以向对方学习合作性互动的内容，例如一个不会跳舞的人可以通过向舞伴学习双人舞的跳法从而与其共舞。或者，双方也可以共同临时约定一种合作性互动的具体内容，例如在玩过家家的游戏时，儿童会约定各自所要扮演的角色，并在游戏的过程中不断地协商进行新的活动。

基于认知的特性，不同的主体对于合作本身与互动内容的认知可能存在差异，而差异则可能会造成互动的不顺利。某个合作性互动要能顺利进行，需要满足一些条件。首先，无疑各个参与者都需要有恰当的生理和心智能力。许多自闭症患者在心理理论能力上存在缺陷，不能很好地解读他人的心理状态（Baron-Cohen等，1985），在进行角色转换方面也存在一定的困难（Sigman & Ungerer，1981）。而如Bratman（1992）所指出的，对他人心理状态的反应和角色转换是进行合作的基础。自闭症患者的这些缺陷使得他们对合作的认知与正常人存在一定的差异，也导致了他们可能无法像正常人一样进行合作性互动，如出现言语交际障碍。其次，要使某个合作性互动顺利进行，该合作性互动所要求的参与者都需要付出认知努力对相关的因素进行认知，这其中就包括对彼此的行为和心智状态的认知。通过对互动过程中各种因素的监控的认知，参与者才能判断是否进行互动、进行的阶段、双方的职责等内容，并在此基础上实时调整自己的行为。同时，合作性互动活动的顺利进行还要求各个参与者的相关认知结果至少是相似的。一方面，各个参与者都需要认为目前正在和对方进行合作性互动。如果A认为自己在与B跳双人舞，而B不认为自己正在与A进行合作，而只认为双方都在各跳各的，那么A和B就不太可能顺利地合作跳双人舞。另一方面，各个参与者对目前正进行的合作性互动有着一致的理解。这包括互动的共同目标、彼此的职责、目前正进行的阶段、彼此对互动所涉及的相关事物（包括参与者的行为）等的理解。A和B要跳双人舞，且他们也都认为自己在和对方跳双人舞，在这样的前提下，如果他们要顺利地完成双人舞，那么对在各个阶段各自需要做什么动作、对方做出某一动作时自己应当做什么动作、某段音乐旋律对应什么动作等等，他们都要有一致的认识。如果A认为自己和B在第一步应该迈左脚，而B认为自己应当迈右脚，那么两人就可能动作不协调，导致舞蹈不顺利。同时，在实际进行舞蹈时，他们也实时要判断目前处于双人舞的哪个阶段，在这个阶段自己和对方应做什么动作，即Bratman（1992）所说的"对彼此的动作和意图进行反应"。如果A不顾B的动作变化，一味自顾自地只按照自己该在哪个节拍上做什么动作来跳舞，那么在B慢了一拍或快了一拍时，A也不会根据B的变化来调整自己的节奏，从而可能导致双人舞的不顺利。即使双方都对彼此的行为和意图进行了监测和反应，但双方如果对合作互动目前所处的阶段以及在该阶段双方的职责的认识存在不一致，也会影响合作的顺利进行。例如，如果在某一时刻，A看到B做了一个原地转圈的动作，认为应该进入第二部分的动作了，但B却觉得第一部分的动作还没完成，并没有马上进入第二部分的动作，那么两人的步调不一致，就会出现差错。此外，即使各参与者对于合作的内容有着一致的认知，但是他们的认知本身也可能就是错误的，并不能使合作顺利进行。例如，A和B都认为这支双人舞的第一步是双方同时面对面向前迈两步，而实际上如果他们这么做了就会撞到对方身上，并无法使他们实现双人舞的合作。因此客观上看，各个参与者对合作性互动的理解还需要确保能使合作性互动顺利进行。当然，只有认识还不够，各个参与者还需要基于对合作性互动内容的认识，付出努力承担自己相应的职责，并且所实施的行为与自身预期的一致，不出差错。在满足这些条件的情况下，合作性互动顺利进行的可能性会更高。

我们需要注意到，上述提到的是提高合作互动顺利进行的可能性的客观条件，而我们应当对合作性互动是否能在客观上顺利进行和交际者主观上是否合作这两者作出区分。如果一个参与者认为正在或即将进行一项需要与其他参与者共同参与的互动活动，且这个参与者根据自己的认识，付出努力承担自己的那一部分职责，那么我们就可以认为该参与者主观上是合作的，不论从客观上看该参与者的行为是否符合当前的活动要求。例如，A认为自己正在和B合作表演一支双人舞，且A认为自己可以通过第一步迈出左脚来进行合作，且A也这么做了，那么A主观上就认为自己是合作的，我们在客观角度上也可以认为A在主观上是合作的，不论B是否认为双方在跳双人舞，也不论在B是否认为这支双人舞中A的第一步是否应该迈左脚。同样，如果A认为B与自己正在进行合作性的互动，且A认为B在相应的阶段付出了努力承担了B所应当承担的职责，A在主观上就可以认为B是合作的，不论B在主观上是否合作。当然，主体对于合作的各要素的主观认知可能会有错误和差异。当发现错误和差异时，主体可以实时调整自己的认知，并在此基础上调整自己的行为。

可以看到，每个主体都是基于自身对合作和合作内容的主观理解来进行合作性互动的。当一个主体A认为自己与另一个主体B开始了或正在进行一种合作性互动X，那么A就会依据自己对合作、对X和对当下双方行为的理解来采取行为进行互动；对于B来说亦是如此。而当A在采取行为时，A和B对于合作本身、双方是否在合作、进行何种合作、X的内容、双方行为是否承担了相应职责等各种因素的理解可能一致，也可能存在差异。从客观角度来看，当双方的理解一致，且这种一致的理解确实能使双方进行合作时，合作就更可能顺利。而当双方的理解出现差异时，就会使合作出现问题。很多情况下，各个参与者并非在一开始就都已经对合作的内容有了正确且一致的认识并始终在这种一致性的保护下进行整个互动过程。相反，各个参与者是抱着各自可能存在差异的认知而参与到互动中来的，并在互动的过程中不断地调整自己关于合作的认知和行为。

5.2　言语交际中的合作

Grice（1975）提出，在交际时，人们会期望每个交际参与者都遵循一条原则：根据你所参与的会话的公认目标或要求，在相应的阶段，作出你的贡献。可以看到，合作原则是与社会心理学角度对于合作的定义相一致的：两个或多个个体为了实现某个共同目标，而分别实施相应的行为。Grice之后的诸多语用学家延续了Grice，将合作看作交际的一个重要属性。但是，Grice自己也承认，合作原则是一条"粗略"（rough）的原则，它是一个宏观的框架，而没有对会话中合作的一些方面进入深入的探讨。我们会发现，在交际中，存在着不同方面的合作，而在一些方面，交际者并不总是完全合作的。

一些学者是基于共同基础来考虑交际中的合作的（如Mey，2001；Barr & Keysar，2005；Kesckes，2010）。这些学者将交际者基于共同基础进行交际的行为看作是合作的，而将交际者忽视共同基础进行交际的行为看作是自我中心的（egocentric）。不过，这种意义下的合作和自我中心并非是完全对立的。Kesckes（2010）认为，在交际的整个过程中，意图和注意始终在起作用。意图引起合作，而注意则导致自我中心。自我中心是指各个交际参与者都会优先激活及调用对自己最凸显的信息。交际过程的合作的程度可由关联度来衡量，而自我中心的程度则可由凸显度来衡量。这里的关联完全是一个语用效果，表示信息与意图之间的关系。只有与意图相关的信息才是关联的。换言之，关联度是信息与意图的相关度。另一方面，凸显则是一个认知概念，基于Giora（2003）提出的"等级凸显义假设"（Graded Salience Hypothesis，简称GSH）。GSH认为，常规性、熟知性、典型性会导致意义的凸显，越凸显的意义则越容易被优先提取。Kesckes（2010）则认为，影响知识的凸显度及注意力处理难度的有三个因素：1. 参与者基于先前经验的知识；2. 该知识在具体情境中的熟悉度、使用频率和常规度；3. 参与者的心智状态和/或认知资源的可及度。简单地说，凸显度就是信息在被注意处理时的优先度。我们已在讨论共同基础和意图时分析过，基于共同基础和基于凸显的直觉判断是交际的两种策略，前者能带来更高的成功率，却需要更多的认知精力，而后者几乎不需要耗费认知精力，但是相比前者则错误率更高。交际者要以尽可能少的付出获得尽可能高的效果，会在这两者之间寻求一个平衡。

另一些学者关注的则是言语上的合作与行为上的合作的关系。巴拉（2013）认为，一个言语交际行为同时包含了行为游戏和会话游戏两个岑没概念。第一种游戏本身是互动必须遵守的规则，巴拉将这种游戏类型视为行为游戏（behavior game）；第二种游戏规定了会话的结构，巴拉将这种游戏类型视为会话游戏（conversation game）。交际者通过会话游戏来提示行为游戏的种类、职责、进行阶段等，推动行为游戏的进行。例如以下的例子：

A：明天是星期四，你能帮我排一下考试监考吗？

B：周四上午9点副校长要给我们开会。

A通过会话游戏提议B来和她一起完成一个有关"教学职责"的行为游戏：

［教学职责］

A负责周一至周三系里的事务；

B负责周四至周六系里的事务。

B在回复中表示他有其他的任务，实际上是拒绝了A关于教学职责的行为游戏的提议，因此在"教学职责"的行为游戏层面上，B是不合作的。但是，从会话游戏的层面看，B遵循了上述五个阶段的规则，识别了A提议进行"教学职责"这一行为游戏的意图，并作出了反应（即表示"拒绝"的回答），所以在会话游戏层面上B是合作的。

我们认为，巴拉对于交际中的这两个层面的合作的区分是有必要的，但是他的区分并不完全。巴拉认为，听话人在言语交际中的心智过程由以下五个逻辑上互相关联的阶段所组成：

第一阶段：表达行为，即B从言内行为出发重构A的心智状态。

第二阶段：说话人意义，即B重构A的交际意图，包括间接言语的意图。

第三阶段：交际效果，这一阶段又包含两个过程：

（a）赋予，即B将诸如信念与意图等的个体心智状态赋予A；

（b）调整，即B关于会话主题的心智状态会随着A的话语而发生变化。

第四阶段：反应，即B生成他即将在回应时需要交际的意图。

第五阶段：回应，即B做出明确的交际回应。

完成每个阶段的任务都又受到一系列基准规则的制约。这五个阶段就是交际的一套元规则，把这五个阶段有机联系在一起的是会话游戏。正常情况下，这五个阶段会按顺序一步步进行，但如果前三个阶段中有一个失败，就会直接跳到第四阶段（反应阶段）。这是因为会话游戏规定：即使合作者没有理解行动者的话语，也可以对她的话语作出反应。结合对交际参与者心智状态的分析，这套规则也适用于解释非表达性互动、利用、欺骗和失败等非标准交际。

可以看到，巴拉将听话人的交际回应也看作是会话游戏的必要组成部分，即使在前三个阶段出现失败的情况下，也会跳到反应阶段。但是，我们会发现，在一些交际情形中，听话人并不一定需要进行回应，甚至一些交际要求听话人不能进行回应（见下面的例子）。在巴拉的基础上，根据一些语言现象，我们认为，应当可以将交际分为三个层面：言语层面、话轮层面和行为层面。

首先我们会注意到，尽管很多言语交际常常包含了话轮的交替和转换，但也存在一些情形，只有一个交际者说话而另一个交际者不需要回应。例如，机场的广播通知一般情况下不会有人直接回答。旅客在言语层面上理解了广播的内容，但通常不会对进行广播的工作人员回话。工作人员的目的实现了，旅客也获得了所需的信息。再比如，一个母亲对青春期的儿子说："我出门买东西去了，晚饭前回来。"儿子听到并理解了，但是没有回答。母亲也预想到正处于青春叛逆期的儿子不会回答，因此说完就出门了。她认为儿子听到了自己的话，并认为自己的目的已经达到了：让儿子知道自己的去向。而客观来看，她的目的也的确实现了。再想象一下一个常在谍战片里出现的场景：一名特工来到一个餐厅，在特定的座位上坐下，而他的接头人也在他身后的座位背对他坐下。他们知道周围可能有敌人的耳目，为了不暴露自己，接头人悄悄地用暗语对特工说了一句情报，而特工没有做任何回应，一边好像什么都没有发生一样地看着报纸，一边默默地记下了情报，然后起身离开了。我们认为在这些情况下，尽管没有话轮的转换，交际仍然是顺利的。话轮的转换对于这些交际来说是不必要的。因此，我们认为对言语层面和话轮层面有划分的必要。

另一方面，在交际中，交际者通过话语在进行某种行为。我们常常会观察到这样的情况：交际者在交际中顺畅地转换话轮，但是却是在进行否定或拒绝。如丈夫下班回家后，坐在沙发上对妻子说："家里还有啤酒吗？"主观上，丈夫通过这句话语提出了一个请求：请妻子帮自己拿一瓶啤酒。这时，妻子可能会说："我忙着呢，你自己去拿！"这种情况下，妻子在言语层面上对丈夫的话语作出了解读，并且在话轮层面上进行了回复，但是却在行为层面上拒绝了丈夫的请求。妻子也可能并没有进行口头上的回答，即没有在话轮层面上进行回复，而只是直接把啤酒拿来递给了丈夫，在行动上进行了合作。通过这两个例子，我们可以看到，在一些情况下，主体可以在话轮层面合作，却在行为层面上不合作，或者也可以在话轮层面上不合作，却在行为层面上合作。因此，我们认为，对于话轮层面与行为层面也是有区分的必要的。

在言语交际中，对于说话人来说，说话人期望自己的话语使听话人的心智状态发生某种变化，在一些情形下还期望听话人的心智状态的变化能使听话人采取某种行动。因此，从根本上看，说话人是希望听话人能在行为层面上进行合作。但是，由于说话人无法直接改变听话人的心智状态，因此，说话人需要发出话语，以期望听话人通过对话语的认知可以产生相应的心智状态的改变。因此，行为层面的合作需要通过言语层面上的合作来实现。为了使言语交际能够顺畅地进行，双方需要在话轮层面上进行合作，以使信息的传递和理解更为高效。

接下来，我们来分析一下，每个层面上的合作是怎么样的。

5.2.1 言语层面上的合作

我们已经举例说明了在言语交际中存在没有话轮转换的情形。而即使是那些存在话轮交替的言语交际也是由多个言语组成的。此外，在言语交际中，对于行为层面来说，交际者要进行行为层面上的合作，也是需要通过言语来提示和理解行为合作的内容、双方职责、当前进行阶段等信息。在言语层面上，听说双方需要共同付出努力。如果说话人不说，那么言语交际就无从谈起；如果只有说话人说而听话人不去听、不去理解，那么言语交际也无法顺利进行。

在言语层面上，说话人的职责就是以其在当下所认为能实现自己目的的方式来生成言语。这里需要从两个方面来考虑说话人的认知和选择对于言语交际的影响。一方面，说话人对于正在或将要进行的行为层面的合作有自己的认知，说话人想要实现的目的是受到对合作的认知的影响的。另一方面，说话人要实现目的，需要选择恰当的话语，而对于话语的选择也受到认知的双系统的影响。这两方面中出现的偏差都可能导致说话人的话语并不能实现说话人所想要的效果。例如下面几个例子：

A：两点了，我们出发吧！

B：啊？去哪里？

　A：去上下午的英语课啊！

　B：今天周六，哪来的英语课！

　A：你看到大宁了吗？

　B：大宁？

　A：就是张宁啊。哦，我忘了，你刚来，还不知道我们都管张宁叫大宁。

　在前一个例子中，A认为双方可以进行"一起去上英语课"的活动，但是A对这个合作活动的认知产生了偏差：这天是周六，没有英语课，因此A的话语没有产生所期望的效果，这源自于A对合作内容的认知错误。在后一个例子中，A想要知道张宁的去向，但是A在说话时没有充分考虑自己与B的共同基础，选用了"大宁"这一自己常用、但B却不知道的称呼来指称张宁，导致B一开始没理解A想要找谁。

　但是，这并不意味着A在主观上是不合作的。在上述两个例子中，说话人A的话语不符合双方的共同基础，原因在于A的认知和认知策略出现了偏差，而非A不愿意合作。

　对于听话人来说，话语要对听话人产生效果，需要听话人对话语进行理解。因此，从听话人角度来看，听话人在言语层面进行合作的方式是投入注意和认知努力对话语进行理解。听话人对说话人话语的认知和解读也受到认知的双系统的影响。

　需要指出的一点是，不论他人是否进行交际，主体都是可以投入认知精力，对他人的行为、表情、状态等进行认知的。Hauser（1996）基于对动物行为的观察，区分了三种概念：线索（cue）、符号（sign）和信号（signal）。线索是生物本身的属性，例如动物的体型、羽毛、角等，人的面貌、身高、肤色等，主体并不有意显露这些属性，但是其他主体可以观察到这些属性。符号是生物生成的，但是独立于生物体之外。主体有时是抱着明确目标的生成符号的，如鸟所筑的鸟巢，人所穿的衣服。尽管鸟是有意识地筑巢的，但是其筑巢的行为并不是为了互动。同样，很多情况下，人有意识地选择搭配衣服，但是穿这些衣服也不是为了互动。另一些符号的产生是无意识的，如脚印和指纹。人在走路和触摸物体时，并不有意留下脚印或指纹，但是脚印和指纹却生成了，而有意者可以通过对脚印和指纹进行注意和观察并从中获取信息。线索和符号都没有象征性，或者也可以说没有Girce（1975）所说的"非自然意义"。其他生物可以对线索或符号进行观察，并获得与该生物有关的一些信息，Hauser将这种互动方式称为"信息提取"。信息提取是认知方单方面进行的。而当生物是有意地、有特定目标地采取互动行为时，这个行为就是交际行为。交际行为是一种信号。信号可以是非象征性的，如动物的求偶行为、攻击行为，以及人类的抚摸、打击等行为。动物信号都是非象征性的，只有人类可以发出象征性的信号。语言是一种信号。

当一个主体B对另一个主体A的行为或状态进行了注意和认知时，B可以从A的行为中获取一些信息，例如，A的情绪（如高兴或生气）、生理状态（如说话有气无力、上气不接下气）、性格（如畏畏缩缩或粗声大气）、职业（如特殊的动作习惯、用词）、籍贯（如口音、特殊词汇和语法）等等。此外，B还会对A的意图进行判断，其中包括了对A的交际意图的判断。即使B判断A没有交际意图，B也依然可以投入注意和认知精力从A的行为状态中提取信息。

说话人话语也是行为的一种。而话语相对于其他行为的特殊之处在于，话语更有可能包含交际意图。尽管语言可以有交际性使用和非交际性使用，但是在社会背景下，语言的非交际性使用会有一定限制。例如，在公共场合中，我们若要出声阅读文字或自言自语，往往是以较小的音量进行的，因为在公共场合大声阅读或自言自语一般被认为是不适宜的。而我们在公共场合听到他人说话时，往往会判断对方是否有针对自己的交际意图。例如，如果我在路上叫"师傅"，会有很多人回头看我，尽管我叫的并不是他们，但他们还是会判断我是不是有针对他们的交际意图。因此，主体在使用语言时，听话人更可能会判断主体有交际意图。不过，需要注意的是，人们在使用话语时，常常是伴随着许多非言语的行为或表现以及一些副语言因素的，而交际意图往往是通过这些非语言或副语言因素来表现的。在对话语进行认知时，听话人也同时会对这些因素进行认知。

一些信息的获取是自动、无意识的。这反映在两方面。一方面，当环境中出现新刺激时，人们会下意识地对这些刺激进行注意。另一方面，一旦对刺激进行了注意，刺激会立刻激活一些心智状态，这一过程往往是自动的、快速的、难以抑制的。当然，主体在这些自动激活的初始心智状态的基础上，还可以进一步产生其他的心智状态。很多研究感知和社会神经学的双系统模型都认为信息处理同时包括了自动的联想过程和有控制的符号推理（如Kahneman，2003；Keysers & Gazzola，2007）。过去关于社会认知中的自动推测的研究都主要聚焦于研究对他人特性的认知。有很多研究都表明，对他人特性的推测是自动激活的（Ulemande等，2005）。例如，在一项实验中，实验助手会表演一些行为，这些行为具有较强的典型性，表现了某种个人特性。被试被要求观察一个实验助手的行为。如果一个表演者的某个行为表现出了某种个人特性，那么人们在推测这个特性时，几乎是不需要有意去进行推测的，也几乎不会意识到自己进行了推测。并且，这个过程也几乎不需要什么认知努力，也很难被抑制或修改（Ulemande等，2005）。近期的研究则指出，对于他人意图的判断也往往是自动的、无意识的。Van der Cruyssen等（2009）发现，在阅读行为时，不论是否受到自动或有意的指示，人们都会快速、自动地推测目标。并且，即使是在有意的、需要努力的意图推测中，都发现了反映了早期的、自动的特征编码和分类的P200波形，这说明即使是意图的有意推测也是基于自动的、无意识的意图判断的。

不过，听话人在通过这一自动过程产生初始解读后，可以有意地决定是否要继续对说话人的话语进行注意和认知，也即决定是否要继续在言语层面上合作。听话人有两种拒绝合作的方式。首先，听话人可以拒绝对说话人将要发出的话语进行认知投入。例如，在火车站里，B在刷手机，此时一个骗子A向B搭话："大哥，大哥！"B下意识地抬起头看A，A见到自己引起了B的注意，就继续说："能不能帮我个忙？我买票差十四块钱……"B听了这么两句，就判断出A是骗子，于是带上了耳机，拒绝继续对A的话进行注意和认知。尽管B在一开始自动地对A的话进行了注意和认知，即在言语层面进行了合作，但是基于这最初的解读，B决定不再继续在言语层面合作，因此采取行动停止了言语层面的合作。在一些情况下，听话人虽然听到说话的声音，但是由于一些因素，如噪音干扰、声音太小等，听话人所听到的声音没有激活概念表征，只要听话人判断说话人的话语不值得自己投入进一步的认知，或听话人不愿意投入进一步认知，听话人也可以不参与到言语层面的合作中来。例如，在喧闹的火车站里，我们会听到各种人说话的声音，但是，因为我们判断这些人并不是在和自己进行交际，因此，即使我们没有听清楚这些话语，也不会对它们投入进一步的认知努力。听话人也可以在说话人发出话语之前就拒绝对说话人的话语投入认知努力。例如，孩子在出门前看到唠叨的妈妈一脸愠怒地朝自己走来，知道妈妈一定有什么事要念叨了，于是立刻说"我出发了"，然后把门关上走了。

听话人在言语层面上拒绝合作的另一种情况是，听话人在听到说话人的话语并产生初始解读后，尽管知道初始解读并不是说话人所真正想要表达的意义，但是却拒绝进行进一步的解读。例如下面的例子：

弟弟：哥哥，我给你猜个谜语：什么东西两个头、四只脚？

哥哥：我不知道，也不想知道。

哥哥在对弟弟的话语产生了初始解读后，尽管知道弟弟的谜面所指的并非其字面的意义，但是他却拒绝付出更多的认知投入来进行进一步的解读。在这种情况下，哥哥在言语层面上也是不合作的。

总结一下言语层面上的合作：说话人的职责是以其在当下所认为能实现自己目的的方式来生成言语，而听话人在言语层面上合作的方式是对话语进行注意和认知投入。由于认知和认知策略的偏差，说话人可能会选用不符合双方共同基础的话语，但说话人在主观上仍是合作的。在很多情况下，听话人对于话语的注意和认知是自动的，即听话人会在言语层面上自动合作，这会激活听话人对话语的初始解读。而当听话人判断话语对自己没有价值，或听话人不愿意对话语投入认知努力时，听话人可以有意地拒绝在言语层面上的合作。

5.2.2 话轮层面上的合作

Schegloff（1972）发现，在自然会话中，有一条基本的规律：每次至少有一名交际者说话，但每次又不会多于一名交际者说话。这条规律不仅适用于只有两个人的交际情形，也适用于多人乃至几十人进行会话的场合。虽然在自然会话中常常会发生几名交际者的话语重叠或是没有人说话而冷场的情况，但是一旦这些情况发生，交际者就会按照这条基本规律来设法调整。在会话中，人们往往是交替发出话语的。这种在会话过程中交际者轮流说话的现象被称为"话轮转换"（turning-taking）（Edmondson，1981）。

Sacks等（1978）指出，话轮转换有如下的规则：

1.话轮转换出现在话轮过渡关联位置上（transion-relevance place，TRP），即某个话轮可能终止的位置。

2.本规则适用于任何话轮的第一过渡关联位置：

（a）如果说话人选定了下一个说话人，那么说话人必须终止说话，而被选定的参与者必须接下话轮进行发言。在这种情况下，话轮转换出现在下一个说话人被选定后的第一个过渡关联位置。

（b）如果说话人未选定下一个说话人，那么其他会话参与者可以选择自己为下一个说话人，第一个自选者则成为下一个说话人。

（c）如果说话人未选定下一个说话人，会话参与者也未自选，那么说话人可以（但并非是必须）继续说下去。

3.本规则适用于第一个过渡关联位置以后的所有过渡关联位置：如果规则2（c）生效，在以后的各个过渡关联位置，规则2（a）—（c）可以循环使用，直到话轮转换发生为止。

说话人也可以主动放弃话轮，让其他参与者接替话轮。说话人可以通过称呼语、提出一个相邻语对的上半部分、使用疑问句、使用套语等方式来表明自己放弃话轮，也可以主动直接指定下一个说话人（黄衍，1987）。在一些场合中，一些人会有较大的权力来决定下一个说话人。例如，在课堂上，老师有权决定让哪一个学生来发言；在法庭上和会议中，法官和会议主席则分别有相似的权力。在日常生活中，参与者的地位一般是平等的。因此，交际参与者常常要通过自选来接过话轮成为下一个说话人，而这就要求交际者能够判断当前说话人是否已经把话讲完、自己是否可以开始说话了，否则就会造成话轮的大量重叠（何兆熊，2000）。听话人可以根据说话人在说话时的一些语言和非语言的线索来进行判断，这些线索包括语义、句法、语调的变化、音节的延长、音高的降低、停顿、身体运动等（Duncan，1972；Orestrom，1983）。

总之，会话参与者在会话中会使用一些方法，遵守特定的规则，互相配合，其目的是使会话顺利地、有秩序地进行下去（何兆熊，2000）。这一方面是礼貌的要求：因话轮重叠而影响或打断别人说话是不礼貌的，而冷场则会导致尴尬。另一方面，这也是交际效率的要求。基于对话轮转换规则的理解，交际参与者可以判断何时该听、何时该说，这样可以减少干扰和不必要的空白期，从而提高交际效率。如果多人同时讲话，那么他们就会相互干扰，每个人所想要说的话语就无法有效地被感知和理解。而如果出现了谁也不说话的冷场情况，却没有人来发言对这一情况进行调整，那么交际也就无法进行下去。

在话轮层面上，言语交际参与者一般会基于会话的基本规律和话轮转换的基本规则来发言，双方的共同目的是使会话顺利进行下去，这样的好处是可以保持交际的效率，同时可以使参与者维持礼貌。不过，在一些情况下，根据交际的要求或是参与者的权力区别，听话人不需要接替话轮，或者不能随意地接替话轮。我们在上文已经指出了一些听话人不需要接替话轮的例子，例如广播通知、特工接头、母亲与青春期的儿子说话等。而在例如课堂、法庭、会议这样的场合中，听话人不能随意地接替话轮，而常常需要等待有支配权力的人指定自己为下一个说话人才能发言。因此，言语交际的参与者除了遵循会话的基本规律和话轮转换的基本规则外，还需要根据特定会话的特定规则和社会关系来决定是否接替话轮、何时接替话轮。交际参与者不进行话轮的转换并不一定意味着参与者在话轮层面不合作。如果根据当前会话的要求和各参与者在该会话中的关系，该参与者不需接替或不能随便接替话轮，那么该参与者不进行发言就是在话轮层面上是合作的。因此，我们认为，交际者在话轮层面上进行合作的方式是：根据会话的基本规律、话轮转换的基本规则和当前交际的特定规则与社会关系，交际者判断自己是否需要发言及何时需要发言，并且在恰当的时候接替话轮或保持聆听。

5.2.3 行为层面上的合作

在言语交际中，说话人的根本目的是想要通过言语与交际对象进行某种行为层面上的互动。巴拉（2013）指出，人类之间的互动可以看作是遵守一系列规则的行为游戏。游戏（game）的概念是维特根斯坦首先提出的，而巴拉进一步将行为游戏看作是交际双方共享的行为计划。计划由信念组成，这些信念描述的是计划所涉及行为的可行性，以及实施这些行为的意图。在实际交际中，行为计划可以看作意图的树状图。某个游戏的计划是以图式的形式进行表征的。行动者双方要在行为层面合作，就必须共享或部分共享某个计划。通过将行为游戏还原到信念及图式的层次，就使行为游戏得到了认知层面的解释，从而可以融入到以认知科学为基础的认知语用学的理论构建中。

巴拉（2013）指出，话语的字面意义（即语言形式）只是理解话语的出发点。像"她为什么对我说这个？"和"她到底想让我干什么？"这样的问题才是真正需要答复的问题。对说话人来说，关键的是要提示行为游戏的内容、开启和进行阶段，而对于听话人来说，关键是要识别行为游戏的内容、开启和进行阶段。当然，这些都要通过说话人在言语层面上选择恰当的话语以及听话人在言语层面上进行解读来实现，而话轮层面上的合作可以使这一过程更加顺利和高效。

在行为层面上，说话人进行合作的方式就是向听话人提示自己想要进行的互动的内容、开启和当前进行的阶段，并且完成自己在这个互动中所应承担的职责。而听话人进行合作的方式则是根据对说话人所想要进行的互动内容和当前进行阶段的理解的基础上，采取互动所要求的相应行动。例如，当顾客在餐厅里问服务员："请问有酱油吗？"顾客实际上是在行为层面上提出一个互动请求：请服务员为自己拿酱油来。通过话语，顾客向服务员提示了想要进行的互动内容。而服务员通过对话语的理解，解读出顾客想要进行的互动，并识别了互动的开启，而服务员在行为层面上进行合作的方式就是参与到该互动中并承担自己相应的职责，在这个例子中即为顾客提供酱油。

5.2.4 三个层面的合作的区分

为了更好地区分三个层面的合作，我们可以用下面的例子来进行说明。

妈妈看到儿子已经打了两个小时的游戏，想要让儿子结束游戏，于是妈妈说："你累不累？"这时：

（1）儿子戴着耳机，没听见妈妈的话，继续玩游戏。

（2）儿子看到妈妈走过来时，就认为妈妈要对他说些什么，于是他在妈妈说话之前，就戴上耳机、调大音量，因此妈妈说的话他一个字都没听见。

（3）儿子听见了，但儿子以为这句话是对爸爸说的，并继续玩游戏。

（4）儿子听见了，认为这句话是对自己说的，没有回答，并继续玩游戏。

（5）儿子听见了，认为妈妈单纯问自己累不累，于是说："不累。"并继续玩游戏。

（6）儿子听见了，认为妈妈是想让自己结束游戏。儿子说："再让我玩一会儿嘛！"

（7）儿子听见了，认为妈妈是想让自己结束游戏。儿子没有进行口头回答，但是很快结束了游戏。

（8）儿子听见了，认为妈妈是想让自己结束游戏，于是儿子说："我打完这盘就不玩了。"然后儿子很快退出了游戏。

在言语层面上，作为说话人的妈妈根据自己想要实现的目标发出了话语，希望儿子在行为层面上结束游戏，同时也希望儿子在话轮层面上进行回复。在言语层面上，妈妈履行了自己发出话语的职责；在话轮层面上，妈妈完成了自己的话轮，并通过问句向儿子提示了他是下一个说话人；在行为层面上，妈妈向儿子提示了"请儿子停止游戏"的互动。因此，妈妈在这三个层面上都是合作的。

对于儿子来说，在（1）中，由于儿子没有听见妈妈说的话，因此妈妈的交际行为没有成功，也谈不上儿子合作与否。在（2）中，儿子有意地拒绝对妈妈即将说的话进行认知投入，因此在言语层面上是不合作的。而因为他在言语层面上的不合作，也就使他没有产生对有关话轮和行为层面的相关认知，因此妈妈所期待他所进行的合作也没有发生。在（3）中，儿子对妈妈的话进行了认知，并产生了一个初始解读，但是由于儿子的初始解读判断妈妈没有针对自己的交际意图，因此就没有继续投入认知努力，也没有进行回应。从儿子的主观角度来看，儿子在言语层面投入了一定的注意和认知，但是他对交际意图的主观判断产生了错误，因此并没有更多地参与到言语交际的合作中来。在（4）中，儿子在言语层面上进行了合作，对话语进行了理解，判断出妈妈有针对自己的交际意图，也认为妈妈是想要让自己停止游戏，但是他却拒绝进行合作：不仅在话轮层面上没有进行回答，在行为层面上也没有停止游戏，因此在这两个层面上他都是不合作的。在（5）中，儿子在言语层面上对话语进行了理解，但是他对妈妈在行为层面上所提出的互动内容产生了理解错误：他以为妈妈只是在进行问答的互动，而不认为妈妈是在提出让自己停止游戏。基于这种错误的理解，儿子在话轮层面上进行了回复，而通过回复，他也完成了"问答"这一互动中自己所应当承担的责任。在这种情况下，儿子在主观上是合作的。在（6）中，儿子在言语层面上进行了合作，对话语进行了理解，判断出妈妈有针对自己的交际意图，也认为妈妈是想要让自己停止游戏。他在话轮层面上进行了合作，但是却在行为层面上没有合作。在（7）中，儿子在言语层面上是合作的，并且理解准确，尽管他在话轮层面上没有合作，但是他在行为层面上是合作的。（8）中儿子在三个层面上都是合作的。

在上述的这些情形中，（1）中的儿子在主观上没有意识到妈妈发出了话语在与自己进行互动，因此也谈不上合作。除了（1）之外，只有在（2）中，儿子是彻底地不合作的：他在言语层面上拒绝投入认知努力进行合作。

而在其他的几个情形中，儿子都对妈妈的话语进行了理解，并且没有在主观上有意拒绝在言语层面上进行认知投入。尽管在很大程度上儿子对话语的理解是自动进行的，但是这并不影响儿子在主观上是在言语层面上合作的。虽然儿子可能对妈妈的交际意图和所提议的行为层面的互动有不准确的理解，也可能在话轮层面和行为层面上并不合作，但是只要儿子在言语层面上投入认知进行理解，那么儿子就是在言语层面上合作的。

我们认为，在言语交际中，要区分这三个层面的合作。即使交际者在话轮和行为层面不合作，但只要他仍在发出或解读话语，那么交际者在言语层面就是合作的。真正的完全不合作是在言语、话轮和行为三个层面上都不合作。在这种情况下，除非交际的其中一方继续坚持寻求合作，否则就会出现交际的中断和失败。

5.3　本章小结

合作是指两个或多个个体或群体之间为了共同的目标而协同活动以使某种既有利于自身，又有利于对方的结果得以实现的行为或意图（Henrich & Henrich，2006）。在合作性互动中，参与者为了共同的目标而完成自己相应的职责。在个体发展的早期，主体就通过与他人的互动开始学习合作，并且会不断地学习各种具体的合作性互动。主体对于合作和合作的各因素有主观的理解，当各参与者的主观理解相一致时，合作会更顺利、更有可能成功。

言语交际也是一种合作性的互动。言语交际的合作一方面体现在对共同基础的使用上，一方面体现在交际者对自己职责的履行上。就前一种合作而言，合作和自我中心并不是完全对立的，交际者会在两种认知策略之间选择一个平衡点。就后一种合作而言，我们需要区分三个层面的合作：言语层面、话轮层面和行为层面。在交际中，交际者并非总是在话轮层面和行为层面上合作的，但是只要交际者仍在发出或解读话语，那么他们在言语层面上就是合作的。彻底的不合作是在这三个层面上都不合作。

第6章 交际过程梳理

在前面的几章中，我们讨论了主体的认知特性对于交际和交际研究的影响，并基于对主观视角和客观视角、行动者和接收者的区分对共同基础、语言、意图、合作进行了讨论。在本章中，我们将综合上述的分析，从认知语用学的视角对交际过程进行梳理。我们并不旨在提炼出一个指导交际成功的原则；相反，我们会更关注交际中的误解和失败的情况。交际并非如许多语用学理论所描述的那样顺利。在交际中，我们"几乎总是失败"，却又"几乎总是接近成功"；交际就是这样一个矛盾体（Rapaport，2003）。交际既有合作和融洽的一面，也同时有杂乱的、充满尝试和错误的一面；这两面都是交际的本质属性（Kecskes，2010）。本文试图通过对交际中可能出现的种种情况的描述，来反映交际充满尝试和错误的这一部分本质。

6.1 从意图到行为

一个交际要发生，至少需要有一名行动者实施交际行为。哲学和心理学的主流观点认为，行为是由意图引起的。因此，语用学中一般将行动者的意图看作交际的起点。在语用学研究中，我们要区分说话人的两种意图：信息意图和交际意图。Sperber和Wilson（1986，1995）详细论证了交际意图是交际进行的必要条件。这一点不仅适用于言语交际，也适用于非言语交际。我们也在上文中指出了交际意图对于交际的重要性。交际意图将交际行为与非交际行为区分开来，交际意图的表达和识别可以使信息交换更有效的进行：

接收者在识别行动者交际意图的情况下，更有可能对行动者的行为或行为所产生的效果投入认知，并更有可能根据对行动者意图的判断为标准来判断自己的认知是否恰当。只有当一个行为是受交际意图驱使的，这个行为才被视作是交际行为。交际的顺利进行需要行动者和接收者共同地、有意图地、有意识地参与。接收者要参与交际，也必须产生相关的意图，并实施相应的行为，成为下一个行动者。如果接收者没有参与交际的意图，或者没有实施相应的行为，就可能导致交际的失败。如果交际所要求的任一参与者没有交际意图，进而拒绝参与交际，也会导致交际的失败。例如，街上时常会有分发传单的销售人员，他们会一边向路过的人递出传单，一边说："游泳健身了解一下吗？"他们有交际意图，并采取了相应的行动，对路人发起了交际行为。但是，路人虽然看到了他们，也听到了他们的话，却会常常视若无睹地径直往前走。这是因为路人没有与销售人员进行交际的意图，也没有采取交际行为。由于路人这一潜在的参与者没有主动参与交际，因此销售人员与路人之间的交际失败了。

交际意图对于交际参与者来说非常重要。那么，作为研究者，我们在交际研究中为什么需要强调交际意图？我们认为，这主要是为了能使我们的研究能在各种人类互动行为中聚焦于交际行为。如果没有交际意图，那么行动者的行为就不是有意的交际行为。例如下面的例子：一对夫妻坐在沙发上，妻子想要在网上买双鞋，所以她在手机上打开了这双鞋的购买页面。这时，她因为想去厨房倒一杯水喝，就把手机放在茶几上离开了。丈夫恰好看到了妻子手机上的购买页面，因此推测"她想要买鞋"。尽管妻子主观上并没有要告诉丈夫"想要买鞋"的意图，但是丈夫对妻子的行为和行为后果进行了认知，并推测出了有关于她的信息。这种情况下，接收者即使对行动者的行为进行了认知，那么这也并非交际的结果，而是信息提取（Hauser，1996）的结果。除了上述例子之外，我们还可以举出一些更典型的信息提取的例子。例如，我们会通过别人的口音来推测对方的家乡，也可能通过观察别人的举止和服装来推测对方的职业或收入水平，或是根据残留在空气中的香水味来推测某人曾经来过。在这些例子中，对方虽然没有有意透露自己的口音、举止习惯、服装风格、香水味等信息，更没有主动告知我们有关他们家乡、职业、收入、到访等的信息，但是我们可以对他们的行为或行为的结果进行信息提取，并进行推测。信息提取虽然与交际在认知上有很多相似之处，但也有很多不同，其中最显著的不同即在于信息提取是单人的活动，不需要两个人的共同合作参与。在上述买鞋的例子中，妻子不需要主动采取任何与丈夫合作的行为，她主观上也没有任何涉及丈夫的意图；而丈夫只需要单方面地利用自己的认知能力进行信息提取——当然，丈夫仍可能误认为妻子的行为是针对他的交际行为，这种情况我们在下面会另作讨论。重要的是，信息提取的机制与交际的机制是有差异的，因此，我们需要对这两种形式作分开的讨论。由于在本文中我们关注的是交际，因此需要以交际参与者是否有交际意图为标准，来将交际与信息提取区分开来，并只关注属于交际的行为。

在产生意图后，行动者会采取行为。行动者所采取的行为可以是语言的，也可以是非语言的，也可以两者都有。不论是语言的或是非语言的，行为必定是物理性的。不涉及改变他人心智的行为自然是物理性的；涉及改变他人心智的行为也并非直接对心智施加影响。一个人无法直接获取另一个人的心智状态，也无法直接改变另一个人的心智状态。行动者只能通过某种行为改变接收者所处的物理环境，期望接收者能通过对物理改变的认知而发生心智状态的改变。在非语言行为来说，就是如肢体动作、移动物体等，以及这些行为对环境中的其他事物造成的改变；而在语言行为来说，就是发出声音，对接收者的声音环境造成改变。相应的，接收者也只能通过对行动者行为的认知来推测行动者具有某种心理状态，而非直接获取行动者的心智状态：行动者的行动出现在环境中，接收者对行动和/或行动对环境所产生的影响进行认知，并在此基础上去推测行动者的心理状态。从直接影响的对象这一点上来看，涉及改变心智的行为和不涉及改变心智的行为没有不同，它们能直接改变的都只有物理环境。行动者根据自身的认知，期望自己的行为产生某种物理效果，继而期望接收者能对这种物理效果进行认知，并产生心理状态上的改变；另一方面，接收者又根据自身对环境的认知对行动者的心理状态进行推测。我们将言语也看作一种行为。在言语交际中，行动者因为某种意图发出言语，言语以声音的形式进入物理环境，接收者对言语进行认知，并在此基础上对行动者的心理状态进行推测。相比于用于交际的其他行为，语言的特殊之处在于其具有更强的象征性和规约性。使用语言可以更准确地、更有效率地实现交际目的。

在言语交际中，说话人希望听话人在言语、话轮和行为层面都进行合作，而说话人自己为了交际的顺利进行，也需要履行自己在这三个层面上需要履行的职责。在言语层面上，说话人需要发出话语，如果可能，需要在能力和精力所及的范围内尽量考虑双方的共同基础。在话轮层面上，说话人除了发出话语之外，在必要时，还需要向听话人提示话轮的转换。在行为层面上，说话人需要向听话人提示自己所希望进行的互动的内容和进行阶段。

行动者会以她所认为能达到所期望的效果的方式来实施行为，具体到语言，行动者会选取她所认为能达到意图效果的表达式来组织言语。从客观上看，行动者的行为要产生所期待的效果，需要符合双方的客观共同基础。但是，行动者对行为的选择会受到各种因素的影响，导致行为并不能实现预期的效果。

认知的双系统会对行动者的行为选择产生影响。对行动者凸显的选项会优先激活（Kesckes，2010），这种激活是直觉性的、快速的。但是这种直觉性的选项不一定适用于当前的情境，从而导致交际的不顺利。例如，在国外生活多年的人在用中文和同胞说话时，常常会在中文中夹带一些外语词汇。有时他们是想不起或不知道这个意思用中文如何表达，有时则是因为他们基于直觉选择了这种对于他们来说最为凸显的表达方式。尽管他们知道用中文应该怎么说，并且他们也知道同胞可能听不懂英语，但是由于在过去的日常生活中，他们在表达这个意义时最直接出现在脑海中的就是英语词汇，因此英语词汇被直接地、优先地激活了。当行动者的认知能力、认知精力和时间等受到限制时，他们转换视角、考虑共同基础的能力会下降（Keysar等，2000；Lin等，2010；Apperly等，2010），从而更多地依赖于直觉性系统，选用那些凸显的选项。

　　另一方面，系统二（Kahneman，2010）会对直觉性的系统一进行评估和修正，使行动者更符合当前情境和双方共同基础的选项。当行动者有足够的认知能力、认知精力和时间时，行动者会更多地考虑各种相关因素，尤其是与接收者的共同基础，从而选择更恰当、成功率更高的选项。但是，对于共同基础的考虑是需要耗费额外的认知努力和时间的（Lin等，2010），而在交际中，交际者往往需要即时地进行交际。从认知的角度看，交际者也希望以尽可能低的付出获取尽可能高的效率（Sperber & Wilson，1986）。因此，行动者往往会在两种认知策略中寻求一个平衡点。

　　除了受到认知的双系统的影响之外，我们认为，以下这些因素也会影响行动者的行为选择。

　　第一，过去的经验。准确地说，其他的因素其实都受到过去经验的影响。已有的经验会影响我们对当下情境的认知。我们的感知经验"只是部分依赖于那些可以触动我们感官的刺激和这些刺激直接引发的信号"，同时还要"依赖以往的经验和期待"（Langacker，2013）。过去的经验会使某些信息对个体凸显（Kecskes，2010，2013），个体会优先选取或激活那些凸显的信息。第二，对实际情境的认知。这一点很好理解，行动者会根据当下的实际情况采取相应的行动。对实际情境的认知又受到实际物理环境、个体过去经验、个体感知和认知能力、注意等多种因素的影响。第三，对行为可能会对环境产生的影响的认知。这主要是依据过去的经验和对当下物理环境的认知。第四，对接收者的认知。包括对接收者生理状态、心理状态和认知能力的认知。心理状态包括愿望、感知、信念、意图、情绪等多种状态，也包括对各种事物的心理表征。对接收者的认知部分来自于过去的经验，部分则是通过对接收者当下的行为和表现进行推测而获得的。第五，对行为可能会给接收者心理状态造成的影响的认知。这又可以分为两部分：一部分是接收者对行为进行认知的直接结果，另一部分是接收者基于这些直接认知结果所作的进一步推测。需要注意的是，从客观角度看，接收者的经验和认知可能准确，也可能不准确。而即使客观上接收者的经验和认知不准确，他本人却仍可能认为是准确的，并在此基础上选择行为。

另外，以下四个与行动者有关的原因（还有一些与接收者有关的原因，以及与行动者和接收者同时相关的原因，下面再另外讨论），可能会导致她所采取的行动无法达到她想要的效果：

（1）经验的不准确。例如，一个在华学习的外国留学生因为学习中的错误，把"包子"这个词汇形式记成了表示"饺子"这一食物范畴的语言表达式，形成了经验的错误。她在食堂想吃饺子，但是由于经验的不准确，她选取了"包子"这个语言表达式，对食堂工作人员说："我要一份包子。"结果食堂工作人员给了她包子，而不是她想要的饺子。

（2）对环境的认知的不准确。例如，桌上放着一盘苹果，但是孩子误以为那是梨。孩子想让爸爸削梨给她吃，就对爸爸说："爸爸，我想吃梨。"爸爸回答说："我们家没有梨。"这个例子中，孩子想吃梨的意图没有实现，部分原因是由于她对环境认知的不准确。

（3）对他人的认知的不准确。宽泛地说，其他个体本身其实也是属于环境的一部分。但是，与对环境中其他事物的认知不同，主体对他人的认知会额外涉及对对方心理状态的推测，因此我们将这种情况单独拿出来说。这种情况的例子如下：一名访客在一所大学里迷路了，于是向一名路过的学生问路。访客看到学生黑头发、黄皮肤，认为这是一名中国学生，就用中文问路："你好，请问行政楼怎么走？"但是，其实这名学生是刚来中国的韩国留学生，并不懂中文，也因此无法为访客指路。访客对学生语言能力的认知不准确，这部分导致了她问路的行为无法达到想要的效果。

（4）行为的实际实施与预想中的不一致。这种情况最常见的例子就是口误。笔者就曾有一次在早餐店想说"甜豆浆"却说成了"咸豆浆"，结果没有买到想要的甜豆浆而买到了咸豆浆。

由于以上这些因素，在行为产生实际效果之前，行动者只能期望自己的行为能产生某种效果。此外，由于不同人的经验不同、对环境的认知不同，即使在同一环境中想要达到同一效果，不同人所认为能达到该效果的方法也会有不同。

行动者可以提前准备所想要采取的行为，也可以即兴采取行为。不论是提前准备的或是即兴的，行动者在实施行为的过程中都可能发生失误，只是即兴行为发生失误的可能性更大一些。行动者实施行为过程中的失误，可能会导致误解或交际失败。

6.2 接收者感知刺激并注意

一旦行动者开始实施行为，行为就会成为物理环境的一部分，也可能会影响物理环境中的其他事物。接收者的感觉器官也时刻在接受着物理环境中的各种刺激，因此有可能会感知到行动者的行为与其对环境造成的改变。此时又可能出现以下几种情况：

第一种情况是接收者根本没有接收到行为所产生的刺激。例如，A向B挥手打招呼，但B恰好向后转过了身去，A的挥手行为没有被B的视觉器官捕捉到。由于B没有看到A的行为，他就不会参与到交际活动中，而交际活动又是需要各个参与者共同参与的，因此，这样的情况就可能导致交际的失败。

第二种情况是接收者接收到了刺激。在接收到外界的信息后，脑会通过注意选择一部分信息进行处理。只有得到注意的刺激信息，才会得到优先处理，并且能够被主体意识到。接收者的感觉器官可能接收到了刺激，但这些刺激信息可能没有得到注意，或没有全部得到注意，就可能导致交际的不顺利。例如，在嘈杂的火车站里，A在离B一定距离的地方和B说话。尽管A的声音可能与其他各种声音一起被B的听觉器官接收到了，但是由于A的声音在嘈杂的环境中没有获得B的认知注意，B可能完全没有发现A在和自己说话。另一个例子是，有时朋友在和我们说话时，我们可能在想别的事情，而没有对朋友的话进行足够的注意。由于这些声音信息只得到了部分的注意，因此我们可能只感觉到朋友和自己说话了，却不知道对方讲了什么内容。

当然，在行动者意识到接收者没有感知到自己的行为后，她可以选择采取进一步的行为来引起接收者的注意。在第一个例子中，A可以走到B的面前挥手，继续引起B的注意；在第二个火车站的例子中，A可以靠近B更大声地说话，以此来使B接收刺激并进行注意；在第三个例子中，朋友可以要求我们认真听她说话，然后再复述自己的刚才的话。

进入认知处理的刺激信息越准确，对环境的认知就越可能准确。而以下两种因素的影响可能会导致进入接收者认知处理的刺激信息不准确：

（1）环境中其他因素的干扰。例如嘈杂的环境对言语的干扰。

（2）接收者本身感知能力的缺陷。例如接收者本身有听力障碍。

需要指出的是，进入认知处理的刺激信息不准确，并不一定会导致认知的不准确，只是认知不准确的可能性会提高。基于不准确的刺激信息进行认知，主体可能得出不准确的认知结果，也可能得出准确的认知结果。这同样可以用早上买豆浆的例子来理解。在嘈杂的环境中，早餐店老板娘所接收到的声音刺激可能并不准确，但是她可能基于不准确的声音刺激进行认知，并认为自己的认知是准确的。而实际上，她得出的认知结果可能错误，也可能正确，只是相比在安静的环境下，她错误的可能性会更高。另一方面，在很多情况下，早餐店老板娘可能会发现自己没有听清顾客说的是"甜"还是"咸"，因而再向顾客发问求证。也就是说，她也可能发现自己的刺激并不准确，或基于不准确的刺激信息进行认知后认为自己的认知不准确，因此产生向行动者进行求证或澄清的意图，并实施相应的行为。

6.3　接收者对刺激进行认知处理

接收者对刺激的认知处理可分为两部分：对行动者交际意图的处理和对行动者信息意图的处理。不论是对交际意图的处理还是对信息意图的处理，接收者对刺激产生一个初始的解读，并可能在初始解读的基础上进行进一步的解读。

凸显的解读首先会被直接地、快速地激活（Giora，1997），而当接收者根据其他因素判断初始解读不恰当时，则会进行进一步的解读。对于行动者的行为，接收者会自动地判断其意图。如果接收者判断行动者有交际意图，那么接收者就更可能会以对行动者信息意图的判断为标准来判断自己的解读是否恰当。而进行这一判断的一个更为直观的标准是自己对对方的行为的解读是否在该情境中使对方遵守了合作原则（Grice，1975）。

如果接收者被刺激直接激活的心理状态与行动者所设想的不一致，那么就可能导致误解或交际失败。例如，A和B所在的公司里有两名姓李的员工，李刚和李明。A习惯称呼李刚为"老李"，而称呼李明为"大明"。A以为B也是这么称呼这两人的，而实际上B习惯称呼李刚为"李师傅"，而称呼李明为"老李"。当A和B谈论"老李如何如何"时，A所设想的是在B的心智中会被激活的是"李刚"的表征，而实际上B被激活的是"李明"的表征，这就可能导致误解。

基于被直接激活的心理状态，接收者可能还会进行进一步推测。接收者所作的推测也可能和行动者所设想的不一致。如Sperber和Wilson（1986）所举的例子：

（B问A是否需要咖啡）

A：Coffee would keep me awake.

A可能设想B会推测：A喝了咖啡晚上会睡不着，A不想失眠，所以A不想要咖啡。而B则可能作出这样的推测：A现在想要保持清醒，所以A想要喝咖啡。这样就可能产生误解。

可以看到，总体上说，影响交际是否成功的最重要的因素是：行动者所认为的行动所能让接收者产生的心理状态和接收者所实际产生的心理状态是否一致。

这里需要澄清几点。首先，尽管读者们可能已经非常清楚了，但是我们在此还是需要再强调一下，这里所说的被激活的心理状态是接收者的心理状态，所进行的推测也是接收者的推测，需要和行动者的心理状态与推测、以及行动者所认为接收者所有的心理状态和会作的推测区分开来。

其次，心理状态的直接激活和推测可以是同步进行的，并不一定需要先完整地感知整个行为、对其作完整的认知处理，然后再在此基础上进行推理。接收者可以一边感知、认知行动者行为，一边根据已获得的认知进行推理，随着所获得认知结果的变化，推理的结果也会发生变化。

最后，即使接收者所产生的心理状态与行动者所设想的并不相同，双方也仍可以进行弥补。对于接收者来说，他根据所产生的心理状态实施行为，然后通过观察行动者对这个行动的反应，来判断自己所产生的心理状态是否与行动者所设想的一致，并可以据此来调整自己的心理状态，或试图让行动者的心理状态发生改变。对于行动者来说，她也可以根据接收者接下来的反应和行为来判断他所产生的心理状态是否与自己所设想的一致，然后可以据此采取进一步行动继续试图改变接收者的心理状态，或是调整自己的心理状态，试图与接收者达到一定程度的一致。这就是前文中所说的，在交际中，参与者会共同付出努力，试图使彼此的心理状态在某种程度上达到一致。

接收者会判断行动者的行为是否是向自己发起的交际行为。根据该行为对接收者的常规化程度，对是否是交际行为的判断可以是通过心理状态的直接激活进行的，也可以是通过推理进行的。例如，行动者看着接收者的眼睛说话，这种行为对接收者来说是一种常规化的交际行为，接收者会直接将这看作一个交际行为；而在上述"买鞋"的例子中，妻子"将打开着网购页面的手机放在茶几上"这一行为对于丈夫来说并不是一种常规化的交际行为，所以丈夫需要通过额外的推理才能判断该行为是否是针对自己的交际行为。当然，行动者的行为在事实上是否是交际行为，还是要看行动者是否是在交际意图的引导下实施该行为的。

我们认为，根据接收者的判断结果来看，可以分三个情况。

第一种情况，接收者不确定行动者的行为是不是对自己发起的交际行为。这种情况下，他可能会向行动者求证，然后在做出确定性判断的基础上（也就是在确定是下面第二种情况或第三种情况的基础上）再进入下一步流程。在"买鞋"的例子中，丈夫可能不确定妻子的行为是否是对自己发起的交际行为，那么他可能会向妻子求证："你是不是想让我帮你买这双鞋？"

第二种情况，接收者认为行动者的行为不是对自己发起的交际行为。他可能会认为这个行为不是交际行为，或这个行为是向他人而非自己发起的交际行为。这种情况下，接收者可能不会产生参与交际的意图，交际可能失败。如果妻子是有意想让丈夫看到手机上的购买页面，即妻子发起了交际行为，但丈夫却不认为该行为是交际行为，那么他就不会参与到妻子发起的交际中，交际就会失败。

第三种情况，接收者认为行动者的行为是对自己发起的交际行为。那么此时接收者有两种选择：接收者可以选择不参与交际，此时交际失败；接收者也可以选择参与交际，那么他需要在对行动者行为整体认知的基础上进入下一步流程。如果妻子有意让丈夫看到手机，而丈夫也认为妻子是故意让自己看到的，这时，丈夫可以选择假装没看见，默不作声，不参与交际，也可以（更聪明地）选择主动提出为妻子买鞋。

一旦接收者产生交际意图，发起交际行为，那么接收者和行动者的身份就会发生转换，交际再按照上述的流程进行。我们用下图对整个交际流程进行一个总结：

6.4　在整个交际过程中都随时可能发生的情况

需要指出的是，有三种情况在整个交际过程中都可能发生，且可能会影响交际的进行。

首先，在交际的任一阶段，交际的参与者都随时可能产生新的意图，并采取新的行为，从而打断交际，或改变交际进行的方向。例如：

A：我刚才看到……什么味道那么香？你刚才吃什么了吗？

B：辣条。你要吃吗？我正好还想再去买点。

A：好啊，我们现在一起去买吧？

（此时手机铃声响起。B拿起手机接听。）

A原本要和B分享刚看到的一些事情，但是刚说了半句，A就因为闻到了香味而产生了新的意图，转而问起B吃了什么。B的回答和提议使A产生了"一起去买辣条"的意图，这可以看作因为互动而产生的意图。A向B提议一起去买辣条，试图继续交际，但由于此时B的手机响了，B产生了接听电话的意图并付诸行动，使得A和B的交际中断了。

如Kecskes（2010）所指出的，意图不仅可以是预先设定的，也可以是涌现的。涌现的意图可能会使交际向着出乎意料的方向发展。

其次，交际参与者在实施行为的过程中随时可能发生失误，即行为的实际实施与预想中的并不一样。我们在上文中已有相关的讨论。

第三，正如我们在以上梳理过程中所看到的，在交际的某一参与者认为发生了交际失败或误解，或是某些信息使任一参与者感到不确定时，他/她都可以采取行为，尝试使交际继续，或消除误解，或进行求证或解释。

6.5　一些特殊的情形

还有一些特殊的情况，我们也在这里作简要讨论。

首先，我们上述讨论的是行动者主动地、有意识地发起交际行为的情况。我们还需要注意到另一种可能的情况："行动者"实施了某一行为，但她主观上可能并没有想要对"接收者"发起交际行为。然而，她的行为出现在"接收者"的物理环境中，"接收者"会接收到刺激，并进行认知，有可能会误以为"行动者"对自己发起了交际行为。例如，在上述"买鞋"的例子中，妻子只是随手把显示着鞋子购买页面的手机放在了茶几上，没有其他的意图。但是，丈夫看到了妻子的行为和手机上的购买页面，想到妻子生日将近，认为妻子可能是故意让自己看到这个页面，提醒自己可以买这双鞋作为生日礼物送给她。换言之，尽管妻子主观上没有对丈夫发起交际行为，但丈夫可能会误以为妻子对自己发起了交际行为。

在这种情况下，我们不认为动作的实施者发起了交际行为。这种情况是感知者单方面的信息提取行为。是否有交际意图是行为实施者的事，而对行为实施者的感知和认知，以及认为行为实施者是否有交际意图，则这些完全是该行为的感知者的事：两者的心智是完全相互独立的，对于同一现象的认知也是相互独立的。当然，如果该行为的感知者因为动作实施者的行为而产生了交际的意图，那么我们应把这个行为看作一种引发交际性意图的刺激；而如果感知者在该意图的驱使下采取了相应的行为，那么此时该感知者才是交际的真正发起者。这也是为什么在上一段中我们将"行动者"和"接收者"打引号的原因：在这种情况下，动作的实施者不是真正的行动者；动作的感知者也不是真正的接收者。

第二，行动者可能会出于某种意图而有意不采取任何行动。在交际中，行动者为了实现某种特定的意图，可能会用诸如沉默、静止等"不行动"的方式。不过，从行动者对自身行为的控制的角度看，"不行动"本身也是一种行动。行动者通过有意控制自己的发声器官来实施说话的行为，也同样地通过有意控制自己的发声器官来实施"沉默"这一行为。只要行动者是有意识地、并带有信息意图和交际意图地"不行动"，那么她的"不行动"行为依然可以看作是一种交际行为。对于接收者来说，一个沉默或静止的行动者也是环境的一部分，而对于行动者"不行动"的状态，接收者的认知方式与对其他事物的基本认知方式也并没有不同。只不过，相对于运动的事物，不运动的事物更不容易引起个体的注意。因此，当行动者采取"不行动"的行为时，接收者可能会需要更多的认知努力或额外的提示信息来注意及处理行动者的这种行为。

第三，我们还需注意到，有一种"歪打正着"的可能性。行动者可能会基于不准确的认知来实施行为，但是她的行为可能恰好达到了她所想要的效果。比如下面这个例子：某公司的老板想要到办公室找一名新来不久的员工。她没有和这名员工接触过，只模糊地记得那名员工姓林，于是她到办公室问："小林在吗？"她想要找的那名员工应声站了起来。但是，其实这名员工并不姓林，而是叫"李小林"，办公室的一些同事恰好都叫他"小林"，所以听到老板叫"小林"，他自然地认为老板是在叫自己。老板基于对员工姓氏的错误记忆选择了用"小林"这个称呼，但是却恰好歪打正着地达到了她想要的目的。

在接收者方面，接收者也可能对不准确的刺激又进行了不准确的认知，反而得到了相对准确的认知结果，出现了类似"空地奶牛"的效果。此外，也可能有行动者实施了不适切的行为，而接收者又进行了不准确的认知，最终反而恰好"负负得正"、"歪打正着"的情况。

6.6 本章小结

本章在认知语用学视角下对交际流程进行了梳理，发现交际的确充满了错误和误解的可能性。在交际的各个阶段，有多种因素都可能导致交际的不顺利。即使交际顺利进行，参与者随时可能涌现的意图也会将交际引向出乎意料的方向。而即便成功的交际，也还可能是"歪打正着"的结果。通过将行动者和接收者分开考察，本文发现，影响交际顺利与否的一个重要因素是：行动者所认为的行动所能让接收者产生的心理状态和接收者所实际产生的心理状态是否一致。当然，我们也可以看到，当交际失败、误解或不确定出现时，交际的参与者总是可以采取行动来进行弥补，从而使交际实现最终的成功。确实，我们的交际"几乎总是失败"，却又"几乎总是接近成功"（Rapaport，2003）。

第7章 总结

交际需要有两个或两个以上的主体共同参与，而每个参与主体都是基于自身的认知来实施和理解交际行为的，因此，对于交际的分析需要从认知的特性出发来考虑。认知有具身性（Lakoff & Johnson，1999），每个人的认知都是基于自己的身体的，因此不同主体之间无法直接传递和读取彼此的心智状态，而对于同一事物，不同主体的认知总是可能存在差异。这要求我们在对交际进行分析时，充分考虑每个参与者的心智状态对于交际的影响。即使是对于交际中合作性、共同性的那些方面，我们也应将它们看作是从每个参与者的个人认知和基于个人认知的行动中产生的。在认知语用学的视角下研究交际，我们需要区分行动者视角和接收者视角（说话人视角和听话人视角），以及交际者的主观视角和研究者的客观视角。除了具身性之外，主体的认知还有一个特点：主体常常是在有限理性的状态下进行决策和判断的。认知的双系统理论（Stanovich & West，2002；Kahneman，2003）认为，人类的认知有两套系统，一套是直觉性的系统一（System 1），一套是需要思考的系统二（System 2），由系统一产生的高可及性的印象会控制判断和偏好，而系统二会对系统一进行检测和调节，进行深思熟虑的、计算性的修正或改写。直觉性的判断是快速的、几乎无需耗费认知努力的，但是出错的可能性更大，而深入的思考能够降低出错的可能性，却需要更多的资源。主体总是倾向于以尽可能少的付出获得尽可能高的效果，因此会在直觉性和深入思考两种策略中寻求一种平衡。

交际要能够顺利进行，需要交际参与者有一定的共同基础，并且都能够基于共同基础来进行交际。我们区分了与共同基础有关的一对概念：共同信念和共享信念。当A和B都相信p时，我们称p是A和B的共同信念。而共享信念则涉及了主体对他人信念的判断。当A和B都相信p，且A相信B相信p，且B相信A相信p，那么p是A和B的共享信念。我们还论证了，在无限递归的信念序列中，我们可以用"共享信念"解释每一阶的递归信念。而对于"互有知识悖论"问题，我们一方面需要遵循Sperber和Wilson（1995）的思路，认为主体对共同基础的判断不需要百分之百地符合实际情况，因为交际本身就是不完备的，另一方面需要区分主观共同基础和客观共同基础。交际者对共享信念有主观的判断，并基于这些主观上的共同基础来生成和理解交际行为。而交际的顺利进行需要事实上的共同信念和各个交际参与者在主观上对共同基础的判断相一致，这些构成了交际顺利进行的客观共同基础。主观共同基础可能会出错，而主体可以在交际中对各种因素的认知来调整自己对共同基础的主观认识，而各主体各自的主观共同基础的变化也会导致客观共同基础的变化，因此共同基础具有动态性。

虽然主体也明白根据双方的共同基础来进行交际可以使交际更顺利的进行，但是在实际的交际中，主体常常不会根据共同基础来实施和理解交际行为（Keysar等，2000）。转换视角、考虑双方的共同基础需要付出一定的认知努力并耗费一定的认知资源，而主体自己的视角可能是更为基础的（Lin等，2010）。在受到时间限制、认知能力不足、其他认知任务占用认知资源等情况下，主体就更可能减少对他人视角和共同基础的考虑，而更多地依赖于直觉系统所提供的选项。我们可以将自我的、直觉性的交际和考虑共同基础的交际看作交际的两种策略，前者所耗费的认知资源更少，但出错的可能性更大，而后者需要更多的认知资源，但能够减少出错的可能性。主体会根据实际情况，在两种策略中寻求一个平衡。

另一个与交际密切相关的因素就是交际者的意图。通过对哲学、心理学和神经心理学相关研究的回顾，我们总结了意图的一些特性：意图是一种独立的心智状态，是先于行为的，在心智和行动之间起着中介联系的作用。意图有不同的表现形式。根据意图与行为的时间关系，可分为在先意图和行动中意图。根据意图与他人的关系，可分为私人意图和社会意图，而社会意图下又可分为交际意图和非交际意图。意图涵盖了将愿望和目标转换成行动的信息处理链中的几个不同的程序。其中，能被主体觉知到的"有意识的意图"是这个处理链中的一个部分，而这个过程中有相当一部分在行动时是不被主体所意识到的。主体有判断他人意图的能力。但是，主体对他人意图的判断本质上是一种信念表征，且可能和他人的实际意图有差异。主体会将他人的交际性意图和其他意图区分开来，并会将他人的交际性意图作为一种特殊的意图来进行判断。传统语用学理论都强调意图在交际中的中心地位，这源自于Grice（1957）对于非自然意义的讨论。从Grice（1957）出发，我们讨论了意图，尤其是交际意图对于交际的重要性。交际意图是将信息交换的交际方法与非交际方法区分开来。通过交际意图的表达和识别，交际的方式比非交际的方式更有效率，因为这种方法更能使听话人对话语进行注意和认知投入，并且更可能使听话人根据对说话人意图的判断为标准来判断自己的解读是否准确。基于认知语用学的视角，我们在将意图中心论应用于对交际的分析中时，也需要区分行动者视角和接收者视角，以及主观视角和客观视角。根据不同的视角，我们可以区分出说话人意义和听话人意义、引起行为的意图本身和对意图的表征。我们也需注意到，意图具有动态性，而Grice的理论解释的是交际中相对静态的状态，我们在分析交际时需要根据变化的意图对交际进行切分，再用Grice的理论来解释每个相对静态的阶段。尽管社会-互动语用学派对于意图中心论提出了一些反对意见，但是根据我们的分析，这些反驳无法成立。社会-互动语用学派所提出的问题都能在修正后的意图中心论的框架下得到解释，而社会-互动语用学派却无法解释意图中心论能够解释的问题：在动态的交际中，是什么使交际有别于其他的信息交换方式，说话人是根据什么来选择话语的，而听话人又是根据什么来判断自己的解读是否恰当的。

　　具体到言语交际，我们从主体的认知出发，讨论了语言的象征性和规约性。语言的规约性是基于主体对规约的理解的，主体可以通过与社团成员的少数互动样本建立起对规约的主观判断，这包含了对其他社团成员使用同一种解决方案和对其他成员对这种解决方案的互有期待的判断。人们对于语言的使用和理解也同样受到认知的双系统的影响。当主体想要表达某个意义或对某个语言表达式进行理解时，对于该主体凸显的音义映射关系会被优先地、直接地激活。当主体没有足够的资源和能力时，就会选用这些凸显的选项。当主体有足够的资源和能力时，主体可以根据语境中的其他因素来进行进一步的选择或解读。

包括言语交际的所有交际都是合作性的互动。主体进行合作需要对合作和合作内容有相应的主观认知，而当各个主体的主观认知在客观上相一致时，合作就更可能顺利进行。言语交际的合作一方面体现在对共同基础的使用上，一方面体现在交际者对自己职责的履行上。就前一种合作而言，合作和自我中心并不是完全对立的，交际者会在两种认知策略之间选择一个平衡点。就后一种合作而言，基于对一些交际情形的观察，我们区分了言语交际中的三个层面的合作：言语层面、话轮层面和行为层面。在言语层面上，说话人的职责是要根据自己所认为能实现实现想要效果的方式来发出话语，而听话人的职责是付出认知努力对话语进行注意和解读。在听到话语时，听话人往往会自动地在言语层面上进行合作，但听话人也可以有意识地拒绝对话语进行注意和解读。在话轮层面上，交际者进行合作的方式是根据当前话轮转换的要求来发言或不发言。在话轮层面上，发言不一定总是意味着合作。如果当前的交际要求听话人不发言，那么听话人不发言就是在话轮层面上合作的。而在行为层面上，说话人需要向听话人提示当前进行互动的内容和进行阶段，并采取相应的行为，而听话人进行合作的方式就是根据自己对行为互动的理解实施相应的行为。在交际中，交际者并非总是在话轮层面和行为层面上合作的，但是只要交际者仍在发出或解读话语，那么他们在言语层面上就是合作的。彻底的不合作是在这三个层面上都不合作。

基于对以上因素的分析，我们对交际的流程进行了梳理。影响交际顺利与否的一个重要因素是：行动者所认为的行动所能让接收者产生的心理状态和接收者所实际产生的心理状态是否一致。而在交际的各个阶段，有多种因素都可能导致交际的不顺利。即使交际顺利进行，参与者随时可能涌现的意图也会将交际引向出乎意料的方向。这印证了我们在认知语用学视角下所采取的一个立场：交际本身是不完备的，因为交际者是基于各自的认知来进行交际的，而认知本身就是不完备的。但是，交际者能够通过各种方法来努力使双方的认知尽可能地相一致：依靠以往的成功经验，对对方视角的考虑，根据交际中实时反馈进行认知调整。虽然交际中充满了错误和不顺利，但是我们的交际"几乎总是失败"，却又"几乎总是接近成功"（Rapaport，2003）。

参考文献

[1] 艾森克 M W, 基恩M T. 认知心理学 (第5版) [M]. 华东师大出版社, 2009.

[2] 布鲁诺·G·巴拉. 认知语用学: 交际的心智过程 [M]. 浙江大学出版, 2013.

[3] 大卫·J·查默斯. 有意识的心灵: 一种基础理论研究 [M]. 中国人民大学出版社, 2013.

[4] 何自然, 冉永平. 关联理论—认知语用学基础 [J]. 现代外语, 1998 (3): 95-109.

[5] 赫伯特·西蒙. 现代决策理论的基石 [M]. 杨砾, 徐立, 译. 北京: 北京经济学院出版社, 1989.

[6] 胡怀国. 2002年度诺奖得主卡尼曼和史密斯及其对心理和实验经济学的贡献 [J]. 社会科学家 (2): 27-33.

[7] 姜望琪. Zipf与省力原则 [J]. 同济大学学报 (社会科学版) (1): 93-101.

[8] 李恒威, 黄华新. "第二代认知科学" 的认知观 [J]. 哲学研究, 2006 (6): 92-99.

[9] 李其维. "认知革命" 与 "第二代认知科学" 刍议 [J]. 心理学报, 2008, 40 (12): 1306-1327.

[10] 刘晓力. 认知科学研究纲领的困境与走向 [J]. 社会心理科学, 2005 (4): 10-18.

[11] 皮忠玲, 莫书亮. 婴儿心理理论的发展: 表现和机制 [J]. 心理科学进展, 2013, 21 (8): 1408-1421.

[12] 王桂琴, 方格, 毕鸿燕, 杨小冬. 儿童心理理论的研究进展 [J]. 心理学动态, 2001, 2: 129-135.

[13] 王益文, 等. 理解私人意图与交际意图的ERP证据 [J]. 心理学报, 2012, 44 (12): 1618-1627.

[14] 王寅. 认知语言学 [M]. 上海外语教育出版社, 2006.

[15] 徐晓惠, 李晶, 朱莉琪. 婴幼儿对合作行为共享性特征的理解 [J]. 心理科学进展, 2014, 22 (9): 1404-1412.

[16] 杨唐峰, 张秋杭. Embodiment概念综述 [J]. 西安外国语大学学报, 2010, 18 (4): 31-34.

[17] 约翰·塞尔. 意向性: 论心灵哲学 [M]. 刘叶涛译, 上海: 上海世纪出版集团, 2007.

[18] 张巍. 意图的形而上学 [J]. 自然辩证法通讯, 2015, 37 (2).

[19] Aigbedion A E. Understanding the neural basis of intention [J]. Current Research in Neuroscience, 2016, 6: 23-27.

[20] Allan K. What is common ground? [M] // Capone A, Piparo F L, Carapezza M. Perspectives on Linguistic Pragmatics. Cham, Switzerland: Springer, 2013: 285-310.

[21] Allan K. What is Common Ground? [M] // Perspectives on Linguistic Pragmatics, 2013.

[22] Anscombe G E M. Intention [M]. Harvard University Press, 1969.

[23] Apperly I A, et al. Is belief reasoning automatic? [J] Psychological Science, 2006, 17: 841–844.

[24] Apperly I A, et al. Why are there limits on theory of mind use? Evidence from adults' ability to follow instructions from an ignorant speaker [J]. Quarterly Journal of Experimental Psychology, 2010, 63 (6): 1201-1217.

[25] Arrow K J. Risk perception in psuchology and economics [J]. Economic Inquiry, 1982, 20 (1): 1-9.

[26] Arrow K J. Rationality of self and others in an economic system [J]. The Journal of Business, 1986, 59: 385-399.

[27] Astington J W. The child's discovery of the mind [M]. Harvard University

Press, 1993.

[28] Atkinson R C . Human memory: A proposed system and its control processes [J]. The Psychology of Learning and Motivation: Advances in research and theory, 1968, 2.

[29] Bach K. A representational theory of action [J]. Philosophical Studies, 1978, 34: 361–379.

[30] Bacskai B J, et al. Spatially resolved dynamics of cAMP and protein kinase A subunits in Aplysia sensory neurons [J]. Science, 1993, 260: 222–226.

[31] Badre D, D' Esposito M. Functional magnetic resonance imaging evidence for a hierarchical organization of the prefrontal cortex [J]. Journal of cognitive neuroscience, 2007, 19: 2082–2099.

[32] Badre D, et al. Hierarchical cognitive control deficits following damage to the human frontal lobe [J]. Nature Neurosci, .2009, 12: 515–522.

[33] Badre D, Hoffman J, Cooney J, et al. Hierarchical cognitive control deficits following damage to the human frontal lobe [J]. Nature neuroscience, 2009, 12: 515–522.

[34] Baron-Cohen S, Leslie A M, Frith U. Does the autistic child have a "theory of mind"? [J] Cognition, 1985, 21: 37-46.

[35] Barr D J, Keysar B. Making sense of how we make sense: the paradox of egocentrism in language use [M]. Colston H L, Katz A N. Figurative language comprehension: Social and cultural influences. Erlbaum: Mahwaw, NJ, 2005: 21-41.

[36] Barr D J. Establishing conventional communication systems: Is common knowledge necessary? [J]. Cognitive Science, 2004, 28 (6): 937-962.

[37] Baumeister R F, Tierney J. Willpower: Rediscovering the greatest human strength [M]. Penguin Press, 2001.

[38] Blakemore S, Wolpert D M, Frith C D. Abnormalities in the awareness of action [J]. Trends in Cognitive Sciences, 2002, 6 (6): 237-242.

〔39〕Blakemore, S J, Decety J. From the perception of action to the understanding of intention〔J〕. Nature Reviews, 2001, 2（8）: 561–567.

〔40〕Bliss T V, Lomo T. Long-lasting potentiation of synaptic transmission in the dentate area of the anaesthetized rabbit following stimulation of the perforant path〔J〕. Physiology, 1973, 232: 331–356.

〔41〕Bohn M, Köymen B. Common ground and development〔J〕. Child Development Perspectives, 2018, 12（2）: 104-108.

〔42〕Brand M. Intending and acting〔M〕. Cambridge, MA: MIT Press, 1984.

〔43〕Bratman M E. Intentions, plans, and practical reason〔M〕. Cambridge, MA: Cambridge University Press, 1987.

〔44〕Bratman M E. Shared cooperative activity〔J〕. The Philosophical Review, 1992, 101（2）: 327–341.

〔45〕Bratman, M E. Intention, plans, and practical reason〔M〕. Cambridge: Harvard Univ. Press, 1987.

〔46〕Brownell C A. Early developments in joint action〔J〕. Review of philosophy and psychology, 2011, 2（2）: 193–211.

〔47〕Carew T, Castellucci V F, Kandel E R. Sensitization in Aplysia: Restoration of transmission in synapses inactivated by long-term habituation〔J〕. Science, 1979, 205: 417–419.

〔48〕Castellucci V F, Carew T J, Kandel E R. Cellular analysis of long-term habituation of the gill-withdrawal reflex of Aplysia californica〔J〕. Science, 1978, 202: 1306–1308.

〔49〕Castellucci V F, et al. Intracellular injection of the catalytic subunit of cyclic AMP-dependent protein kinase simulates facilitation of transmitter release underlying behavioral sensitization〔J〕. Proceedings of the national academy of sciences of the United States of America, 1980, 77（12）: 7492–7496.

〔50〕Castellucci V, Kandel E R. Presynaptic facilitation as a mechanism for behavioral sensitization in Aplysia〔J〕. Science, 1976, 194: 1176–1178.

[51] Chalmers D J. The conscious mind: in search of a fundamental theory [M]. Oxford University Press, 1997.

[52] Ciaramidaro A, et al. The intentional network: How the brain reads varieties of intentions [J]. Neuropsychologia, 2007, 45 (13): 3105-3113.

[53] Clark A. An embodied cognitive science? [J]. Trends in Cognitive Sciences, 1999, 3 (9): 345.

[54] Clark H H, Marshall C R. Definite knowledge and mutual knowledge [M] // Joshi A K, Webber B L, Sag I A. Elements of discourse understanding. Cambridge, UK: Cambridge University Press, 1981: 10–63.

[55] Clark H, Marshall C. Definite reference and mutual knowledge [M] // A. K. Joshi, B. Webber, & I. Sag. Elements of discourse understanding. Cambridge University Press, 1981: 10-63.

[56] Clark H. Using language [M]. Cambridge University Press, 1996.

[57] Cohen T E, et al. A simplified preparation for relating cellular events to behavior: mechanisms contributing to habituation, dishabituation, and sensitization of the Aplysia gill-withdrawal reflex [J]. Neuroscience, 1997, 17: 2886–2899.

[58] Davidson D. Intending [M] // Davidson, D. Essays on Actions and Events. Oxford: Clarendon Press, 2001: 83-102.

[59] Davis M, et al. Stress-induced activation of prefrontal cortex dopamine turnover: blockade by lesions of the amygdala [J]. Brain Research, 1994, 664: 207–210.

[60] Edwards D. Intentionality and mens rea in police interrogations: The production of actions as crimes [J]. Intercultural Pragmatics, 2008, 5 (2): 177-199.

[61] Epley N, et al. Perspective taking as egocentric anchoring and adjustment [J]. Journal of Personality and Social Psychology, 2004, 87: 327–339.

[62] Evans J, et al. Background beliefs in Bayesian inference [J]. Memory and

Cognition, 2012, 30: 179–190.

[63] Gardner H. The mind's new science [J]. Basic Books, 1987.

[64] Ghirardi M, Montarolo P G, Kandel E R. A novel intermediate stage in the transition between short- and long-term facilitation in the sensory to motor neuron synapse of Aplysia [J]. Neuron, 1995, 14: 413–420.

[65] Gibbs R W. A new look at literal meaning in understanding what is said and implicated [J]. Journal of Pragmatics, 2002, 34 (4): 457-486.

[66] Gibbs R W. Intentions in the Experience of Meaning [M]. Cambridge University Press, 1999.

[67] Gibbs R W. Interpreting what speakers say and implicate [J]. Brain & Language, 1999, 68 (3): 466-485.

[68] Giora R, et al. Default sarcastic interpretations: On the priority of nonsalient interpretations [J]. Discourse Processes, 2015, 52 (3): 173-200.

[69] Giora R, et al. Defaultness reigns: The case of sarcasm [J]. Metaphor & Symbol, 30 (4): 290-313.

[70] Giora R, et al. Negation Generates Nonliteral Interpretations by Default [J]. Metaphor and Symbol, 2013, 28 (2): 89-115.

[71] Giora R. On the priority of salient meanings: Studies of literal and figurative language [J]. Journal of Pragmatics, 1999, 31 (7): 919-929.

[72] Giora R. Understanding figurative and literal language: The graded salience hypothesis [J]. Cognitive Linguistics, 1997, 8 (3): 183-206.

[73] Gopnik A, Wellman H. The Theory Theory [M] // Hirschfield L, Gelman S. Mapping the mind: Domain specificity in cognition and culture. New York: Cambridge University Press, 1994: 257–293.

[74] Grice H P. Logic and conversation [M]. Cole P, Morgan J L. Syntax and semantics, Vol. 3, Speech Acts. New York: Academic Press, 1975: 41-58.

[75] Grice H P. Meaning [J]. Philosophical review, 1957, 66 (3): 377-388.

[76] Grice H P. Utterer's meaning and intention [M]. Philosophical Review,

1969, 78（2）：147-177.

[77] Guan Z, et al. Integration of long-term-memory-related synaptic plasticity involves bidirectional regulation of gene expression and chromatin structure [J]. Cell, 2002, 111: 483–493.

[78] Haggard P, Eimer M. On the relation between brain potentials and the awareness of voluntary movements [J]. Exp. Brain Res. 126: 128–133.

[79] Haggard P, Eimer M. On the relation between brain potentials and the awareness of voluntary movements [J]. Experimental Brain Research, 1999, 126: 128–133.

[80] Haggard P. Conscious intention and motor cognition [J]. Trends in Cognitive Sciences, 2005, 9（6）：290-295.

[81] Haugh M. Intention and diverging interpretings of implicature in the "uncovered meat" sermon [J]. Intercultural Pragmatics, 2008, 5（2）：201-228.

[82] Jaszczolt K M. Meaning merger pragmatic inference, defaults, and compositionality [J]. Intercultural Pragmatics, 2006, 3（2）：195-212.

[83] Johnson-Laird P N. How we reason [M]. Oxford University Press, 2006.

[84] Johnson-Laird P N. Mental models: Towards a cognitive science of language, inference, and consciousness. [M] Cambridge: Cambridge University Press, 1983.

[85] Kahneman D. A perspective on judgment and choice: mapping bounded rationality [J]. American Psychologist, 2003, 58（9）：697-720.

[86] Kaifosh P, Losonczy A. Mnemonic Functions for Nonlinear Dendritic Integration in Hippocampal Pyramidal Circuits [J]. Neuron, 2016, 90（3）：622-634.

[87] Kandel E R, Dudai Y, Mayford M R. The molecular and systems biology of memory [J]. Cell, 2014, 157（1）：163-186.

[88] Kecskes I, Zhang F. On the dynamic relations between common ground and

presupposition [M]. Springer International Publishing, 2013.

[89] Kecskes I. Dueling contexts: A dynamic model of meaning [J]. Journal of Pragmatics, 2008, 40 (3): 0-406.

[90] Kecskes I. Situation-bound utterances as pragmatic acts [J]. Eastern Asian Pragmatics, 2016, 42 (11): 107-126.

[91] Kecskes I. Socio-cognitive Approach to Pragmatics [J]. 外国语, 2010, 5: 4-22.

[92] Kecskes I. The role of salience in processing pragmatic units [J]. Acta Linguistica Hungarica, 2004, 51 (3-4): 309-324.

[93] Kecskes I. Why do we say what we say the way we say it? [J]. Journal of Pragmatics, 2013, 48 (1): 71-83.

[94] Keysar B, et al. Taking perspective in conversation: The role of mutual knowledge in comprehension [J]. Psychological Science, 2002, 11 (1): 32-38.

[95] Keysar B, Lin S, Barr D J. Limits on theory of mind use in adults [J]. Cognition, 2003, 89 (1): 25-41.

[96] Koechlin E, Jubault T. Broca's area and the hierarchical organization of human behavior [J]. Neuron, 2006, 50: 963–974.

[97] Koechlin E, Ody C, Kouneiher F. The architecture of cognitive control in the human prefrontal cortex [j]. Science, 302: 1181–1185.

[98] Koechlin E, Ody C, Kouneiher, F. The architecture of cognitive control in the human prefrontal cortex [J]. Science, 2003, 302: 1181–1185.

[99] Konorski J. Conditioned reflexes and neuron organization [J]. Quarterly Review of Biology, 1948 (4): 311.

[100] Kovecses Z. Levels of metaphor [J]. Cognitive Linguistics, 2017, 28 (2).

[101] Lakoff G, Johnson M. Philosophy in the flesh: The embodied mind and its challenge to Western thought [M]. Basic Books, 1999.

[102] Langacker R. 认知语法基础 [M]. 北京大学出版社, 2004.

[103] LeDoux J E. Emotion: clues from the brain [J]. Annual Review of Psychology, 1995, 46: 209–235.

[104] Lee B P H. Mutual knowledge, background knowledge and shared beliefs: Their roles in establishing common ground [J]. Journal of Pragmatics, 2001, 33 (1): 21-44.

[105] Lee P H. Mutual knowledge, background knowledge and shared beliefs: Their roles in establishing common ground [J]. Journal of Pragmatics, 2001, 33 (1): 21-44.

[106] Lee, S, et al. A cellular model of memory reconsolidation involves reactivation-induced destabilization and restabilization at the sensorimotor synapse in Aplysia [J]. Proceedings of the national academy of sciences of the United States of America, 2012, 109: 14200–14205.

[107] Levenson J M, Sweatt J D. Epigenetic mechanisms in memory formation [J]. Nature reviews neuroscience, 2005, 6: 108–118.

[108] Lewis D. Convention [M]. Harvard University Press, 1969.

[109] Libet B. Unconscious cerebral initiative and the role of conscious will in voluntary action [J]. Behavior and Brain Science, 1985, 8: 529-566.

[110] Lin S, Keysar B, Epley N. Reflexively mindblind: Using theory of mind to interpret behavior requires effortful attention [J]. Journal of Experimental Social Psychology, 2010, 46 (3): 551-556.

[111] Lomo T. Frequency potentiation of excitatory synaptic activity in dentate area of hippocampal formation [J]. Acta Physiologica Scandinavica, 1966, 68: 277.

[112] Malenka R C, Bear M F. LTP and LTD: an embarrassment of riches [J]. Neuron, 2004, 44: 5–21.

[113] Malle B F, Knobe J. The Folk Concept of Intentionality [J]. Journal of Experimental Social Psychology, 1997, 33 (2): 101-121.

[114] Martin K C, et al. Synapse-specific, long-term facilitation of Aplysia

sensory to motor synapses: a function for local protein synthesis in memory storage [J]. Cell, 1997, 91: 927–938.

[115] Mele A R. Springs of action [M]. Oxford University Press, 1992.

[116] Meltzoff A N. Understanding the intentions of others: Re-enactment of intended acts by 18-month-old children [J] Developmental Moisture, 1995, 31 (5): 838–850.

[117] Mey J L. Pragmatics: An introduction [M]. 2nd Edition. Blackwell, 2001.

[118] Miall R C, Wolpert D M. Forward models for physiological motor control [J]. Neural Networks, 1996, 9: 1265–1279.

[119] Montarolo, P G, et al. A critical period for macromolecular synthesis in longterm heterosynaptic facilitation in Aplysia [J]. Science, 1986, 234: 1249–1254.

[120] Möttönen R, et al. Neural basis of understanding communicative actions: Changes associated with knowing the actor's intention and the meanings of the actions [J]. Neuropsychologia, 2016, 81: 230-237.

[121] Nader K, Hardt O. A single standard for memory: the case for reconsolidation [J]. Nature reviews neuroscience, 2009, 10: 224–234.

[122] Nader K, Schafe G E, Doux J E L. Fear memories require protein synthesis in the amygdala for reconsolidation after retrieval [J]. Nature, 2000, 406: 722-726.

[123] Németh T E. Verbal information transmission without communicative intention. Intercultural Pragmatics, 2008, 5 (2), 153-176.

[124] Onishi K H, Baillargeon R. Do 15-month-old infants understand false beliefs? [J] Science, 2005, 308 (5719): 255–258.

[125] Perner J. Understanding the representational mind [M]. Cambridge, MA: MIT press, 1991.

[126] Perner J. Understanding the representational mind [M]. MIT Press, 1991.

[127] Premack D, Woodruff G. Does the chimpanzee have a theory of mind? [J].

Behavioral & Brain Sciences, 1978, 1 (4) : 515-526.

[128] Rakoczy H, Schmidt M F H. The early ontogeny of social norms [J]. Child Development Perspectives, 2013, 7 (1) : 17-21.

[129] Rizzolatti G, Sinigaglia C. Mirrors in the brain: How our minds share actions, emotions, and experience [M]. New York: Oxford University Press, 2008.

[130] Saltzman E. Levels of sensorimotor representation [J]. Journal of Mathematical Psychology, 1979, 20: 91–163.

[131] Saltzman E. Levels of sensorimotor representation [J]. Math.Psychol., 1979, 20: 91–163.

[132] Sara S J . Retrieval and reconsolidation: Toward a neurobiology of remembering [J]. Learning & Memory, 2000, 7 (2) : 73-84.

[133] Schegloff E. Sequencing In Conversational Openings. Selected Studies and Applications [M]. Berlin, Boston: De Gruyter, 1972.

[134] Schiffer S. Meaning [M]. Clarendon Press, 1972.

[135] Searle J R. Intentionality: An essay in the philosophy of mind [M] Cambridge: Cambridge University Press, 1983.

[136] Seed A, Tomasello M. Primate cognition [J]. Topics in Cognitive Science, 2010, 2 (3) : 407-419.

[137] Shettleworth S J. Cognition, evolution, and behavior [M]. Oxford University Press, 1999.

[138] Sigman M, Ungerer J. Sensorimotor skill and language comprehension in autistic children [J]. Journal of Abnormal Child Psychology, 1981, 9: 149-165.

[139] Simon H A. Administrative behavior: A study of decision-making processes in administrative organization [M]. 4th ed. The Free Press, 1997.

[140] Simon H A. Theories of Bounded Rationality [J]. 1972: 161-176.

[141] Simon H A. Models of Bounded Rationality [M]. Vols. 1 and 2. MIT Press,

1982.

[142] Sirigu A, Daprati E, Ciancia S, et al. Altered awareness of voluntary action after damage to the parietal cortex [J]. Nature neuroscience, 2003, 7(1): 80-84.

[143] Sirigu A, et al. Altered awareness of voluntary action after damage to the parietal cortex [J]. Nat. Neurosci., 2004, 7: 80–84.

[144] Sloman S A. The empirical case for two systems of reasoning [J]. Psychological Bulletin, 1996, 119: 3–22.

[145] Solms M, Turnbull O H. The brain and the inner world: An introduction to the neuroscience of subjective experience [M]. Routledge, 2002.

[146] Sperber D, Wilson D. Relevance Theory: Communication and Cognition [M]. 2nd Edition. Blackwell, 1995.

[147] Sperber D, Wilson D. Relevance: communication and cognition [M]. Harvard University Press, 1986.

[148] Sprenger M. 脑的学习与记忆 [M]. 中国轻工业出版社, 2005.

[149] Squire L R. Memory and the hippocampus: a synthesis from findings with rats, monkeys, and humans [J]. Psychological Review, 1992, 99: 195–231.

[150] Stalnaker R. Assertion [M]. Cole, 1978.

[151] Stalnaker R. Pragmatic presuppositions [M]. Munitz and Unger, 1974: 197-213.

[152] Stanovich K E, West, R F. Individual differences in reasoning: Implications for the rationality debate [M] // Gilovich T, Griffin D, Kahneman D. Heuristics and biases.. New York: Cambridge University Press, 2012: 421–440.

[153] Sutton M A, Carew T J. Parallel molecular pathways mediate expression of distinct forms of intermediate-term facilitation at tail sensory-motor synapses in Aplysia [J]. Neuron, 2000, 26: 219–231.

[154] Tomasello M. Origins of Human Communication [M]. MIT Press, 2008.

[155] Tomkins S S. Script theory: Differential magnification of affects [J]. Nebraska Symposium on Motivation Nebraska Symposium on Motivation, 1978, 26: 201-236.

[156] Trevena J A, Miller J. Cortical movement preparation before and after a conscious decision to move [J]. Consciousness and Cognition, 2002, 11: 162–190.

[157] Tsakiris M, Haggard P. Neural, functional and phenomenological signatures of intentional actions [M]. Grammont F D, Livet P. Naturalizing intention in action. MIT Press, 2001: 39-64.

[158] Tversky A, Kahneman D. Judgment under uncertainty Heuristics and biases [J]. Science, 1974, 185: 1124-1131.

[159] Tversky A, Kahneman D. The framing of decisions and the psychology of choice [J]. Science, 1981, 211: 453–458.

[160] Ullman M T. The declarative procedural model: A neurobiological model of language learning, knowledge, and use [M] // Hickok G, Small S L. Neurobiology of language. Encyclopedia of evolutionary psychological science, 2016: 953-968.

[161] Van der Cruyssen L, et al. ERP time course and brain areas of spontaneous and intentional goal inferences [J]. Social Neuroscience, 2009, 4 (2): 165-184.

[162] Van Duynslaeger M, Van Overwalle F, Verstraeten E. Electrophysiological time course and brain areas of spontaneous and intentional trait inferences [J]. Social Cognitive and Affective NeuroScience, 2007, 2: 174-188.

[163] Van Duynslaeger M. et al. EEG components of spontaneous trait inferences [J]. Social NeuroScience, 2008, 3: 164-177.

[164] Verschueren J. Understanding pragmatics [M]. London: Arnold, 1999 .

[165] Verschuren J. Understanding Pragmatics [M]. Edward Arnold, 1999.

[166] Vinding M C, et al. Distinct electrophysiological potentials for intention in

action and prior intention for action [J]. Cortex, 2014, 50: 86-99.

[167] Vorauer J D, Martens V, Sasaki S J. When trying to understand detracts from trying to behave: Effects of perspective-taking in intergroup interaction [J]. Journal of Personality and Social Psychology, 2009, 96: 811–827.

[168] Walter H, Adenzato M, Ciaramidaro A, et al. Understanding intentions in social interaction: the role of the anterior paracingulate cortex. [J]. J Cogn Neurosci, 2004, 16(10): 1854-1863.

[169] Walter H, et al. Understanding intentions in social interaction: The role of the anterior paracingulate Cortex [J]. Journal of Cognitive Neuroscience, 2004, 16(10): 1854-1863.

[170] Wolpert D M, et al. An internal model for sensorimotor integration [J]. Science, 1995, 269: 1880–1882.

[171] Wolpert D M, et al. Perspectives and problems in motor learning [J]. Trends in Cognitive Science, 2001, 5: 487–494.

[172] Wolpert D M, Ghahramani, Z. Computational principles of movement neuroscience [J]. Nature reviews neuroscience, 2000, 3: 1212–1217.

[173] Wolpert D M. Computational approaches to motor control [J]. Trends in Cognitive Science, 1997, 1: 209–216.

[174] Yamamoto J, Suh J, Takeuchi D, et al. Successful execution of working memory linked to synchronized high-frequency gamma oscillations [J]. Cell, 2014, 157(4): 845-857.

[175] Zipf G K. Human Behavior and the Principle of Least Effort: An Introduction to Human Ecology [M]. Martino Fine Books, 2012.

[176] Zucker R S, Kennedy D, Selverston A I. Neuronal circuit mediating escape response in crayfish [J]. Science, 1971, 173: 645–650.